हमारे लोकप्रिय गीतकार

गिरिजा कुमार माथुर

वाणी प्रकाशन
नयी दिल्ली-110002
फोन : 3273167, 3275710 ● फैक्स : 3275710
e-mail : vani_prakashan@yahoo.com
vani_prakashan@mantraonline.com

हमारे लोकप्रिय गीतकार

गिरिजा कुमार माथुर

संपादक

शेरजंग गर्ग

ISBN 81-7055-925-1

वाणी प्रकाशन
21-ए, दरियागंज, नयी दिल्ली-110002
द्वारा प्रकाशित

प्रथम संस्करण : 2002

मूल्य : 95.00

नागरी प्रिंटर्स, दिल्ली-110032
में मुद्रित

Hamare Lok Priya geetkar
GIRIJA KUMAR MATHUR
Edited by Sherjung Garg

गिरिजा कुमार माथुर : कामयाबियों का कवि

प्रख्यात शायर फैज़ अहमद फैज़ का एक शे'र है :

फैज़ की राह सर बसर मंज़िल
हम जहाँ पहुँचे कामयाब आए

और फैज़ की ये पंक्तियाँ खुद फैज़ पर तो लागू होती ही रहीं, हिन्दी कवियों में गिरिजा कुमार माथुर पर भी पूरी तरह फिट बैठती हैं। माथुर जी भी कभी कामयाबियों से अछूते नहीं रहे। उन्होंने जिस क्षेत्र में क़दम रखा सफलता प्राप्त की। कविता में भी चाहे गीत हो, नवगीत अथवा नई कविता और चाहे कवि सम्मेलनों का मंच, माथुरजी ने अपना सर्वश्रेष्ठ दिया। यही स्थिति आकाशवाणी और दूरदर्शन के कार्यक्रमों में उनकी भागीदारी की भी रही।

मुझे याद आ रहा है कलकत्ता (अब कोलकाता) का वह प्रसंग जब आज से लगभग बाईस वर्ष पूर्व माथुरजी और मैं आकाशवाणी के एक कवि सम्मेलन में भाग लेने वहाँ गए थे। कोलकाता में हम बर्मन परिवार की मेजबानी में थे और यह परिवार एक बारह मंज़िली इमारत की सबसे ऊपरी मंज़िल में रहता था और हम वहीं ठहरे थे। सुबह-सुबह चाय की चुस्कियाँ ले रहे थे कि नीचे के मैदान में एकत्र स्कूली बच्चे मधुर स्वरों में गा रहे थे :

होंगे कामयाब
होंगे कामयाब
हम होंगे कामयाब एक दिन
मन में है विश्वास
पूरा है विश्वास
हम होंगे कामयाब एक दिन

यह परम आनन्द का अवसर था। शायद उस स्कूल में इसे प्रार्थना के रूप

में स्वीकार कर लिया गया था। मैंने माथुरजी का सहज गर्वीला चेहरा देखा और उन्हें बधाई दी। वास्तविकता यह है कि गिरिजा कुमार माथुर की उक्त पंक्तियों ने एक मुहावरे का रूप ले लिया है जिसे बाज़ार-हाट, स्कूल-भवनों, चुनाव सभाओं में आसानी से सुना जा सकता है। यह कामयाबी निश्चय ही माथुर साहब की कामयाबी है। एक साहित्यिक आयोजन में सम्भवतः कवि केदारनाथ सिंह को 'व्यास सम्मान' दिए जाने के अवसर पर कवि राजनेता अटल बिहारी वाजपेयी ने भी कहा था—हम होंगे कामयाब एक दिन। और राष्ट्रीय संग्रहालय का खचाखच भरा सभागार तालियों में डूब गया था। उस समय अटल बिहारी वाजपेयी की पार्टी सत्तासीन होने को प्रयत्नशील थी और चुनाव सिर पर थे।

गिरिजा कुमार माथुर 'तार सप्तक' के सर्वाधिक युवा कवि थे। उनकी रचनाओं में गीति तत्त्व भी अन्य कवियों की तुलना में अपेक्षाकृत अधिक था। 'छाया मत छूना मन/होगा दुख दूना मन' और 'भूले हुओं का गीत' जैसे गीतों के कारण उस समय के युवा हृदयों का स्पर्श माथुर साहब की लोकप्रियता बढ़ा रहा था। इसके साथ-साथ स्वतन्त्रता प्राप्ति के समय लिखी गई उनकी कविता 'पन्द्रह अगस्त' ने विचारकों का ध्यान आकर्षित किया :

आज जीत की रात/पहरुए सावधान रहना
खुले देश के द्वार/अचल दीपक समान रहना
ऊँची हुई मशाल स्याही/आगे कठिन डगर है
शत्रु हट गया, लेकिन/उसकी छायाओं का डर है
किन्तु आ रही नई ज़िन्दगी/यह विश्वास अमर है।

ठीक उसी समय प्रख्यात गीतकार बलवीर सिंह रंग ने भी भारतीय जनमानस के समक्ष आज़ादी की चुनौती रखते हुए चेतावनी दी थी :

ओ विप्लव के थके साथियो ! विजय मिली विश्राम न समझो
X X X
पद लोलुपता और त्याग का एकाकार नहीं होने का
दो नावों पर पग धरने से सागर पार नहीं होने का
जब तक सुख के स्वप्न अधूरे पूरा अपना काम न समझो

स्वतन्त्रता को सम्पूर्ण सावधानी और सजगता से स्वीकारने की ये दोनों कविताएँ तत्कालीन भारतीय मानस से गहन रूप से जुड़ गईं। माथुरजी के गीत को प्रयोगशील काव्य के प्रेमियों में अधिक मान्यता मिली, जबकि 'रंग' जी के गीत को कवि सम्मेलनों में। इन पंक्तियों के लेखक ने रंग जी का यह गीत प्रख्यात

वक्ता एवं सांसद प्रकाशवीर शास्त्री से सुना था।

मेरे छात्र जीवन में बी.ए. तक आते-आते नई कविता के जिन कवियों की लोकप्रियता दूर-दूर तक पहुँच चुकी थी, उनमें धर्मवीर भारती और गिरिजा कुमार माथुर शीर्ष पर थे। अपनी सम्पूर्ण प्रयोगधर्मिता के बावजूद भारती का 'गुनाहों का देवता' और कई गीत तथा माथुर जी का 'छाया मत छूना मन' और 'भूले हुओं का गीत' छात्र-छात्राओं में चर्चा के विषय थे। मगर मैंने श्री माथुर को पहले-पहल आकाशवाणी दिल्ली की कैंटीन में देखा, जहाँ रमानाथ अवस्थी, गोपाल कृष्ण कौल और दुष्यन्त कुमार से घिरे माथुर साहब तरह-तरह की साहित्यिक चर्चाओं में उलझे हुए थे और ठहाके पर ठहाके लग रहे थे।

औसत कद, गेहुँआ रंग किंचित घुँघराले बाल, सूट-टाई में लैस व्यक्तित्व और अफ़सराना अन्दाज़ की चाल—यह थे श्री गिरिजा कुमार माथुर। आकाशवाणी के दफ़्तर में ख़ासे गम्भीर रहने वाले माथुरजी, दफ़्तर से निकलते ही बहुत सहज हो जाते थे और परिवार में तो बिलकुल वरिष्ठ घरेलू सदस्य के समान व्यवहार करने लगते थे। किसी गोष्ठी की समाप्ति पर अपने साथ जाने वाले साथियों से जरूर पूछ लेते थे—उधर चलना हो तो गाड़ी में जगह है। इसी सादगी के चलते 'तार सप्तक' के इस महत्त्वपूर्ण कवि ने 'अकविता' में भी अपनी कविताएँ छपवाने में संकोच नहीं किया।

गिरिजा कुमार माथुर पर प्रायः आत्म-मुग्ध होने का आरोप लगता रहा। कहा गया कि अपने अलावा वे किसी और के बारे में बात नहीं करते, अपनी प्रशंसा सुनकर कुछ ज्यादा ही खुश होते हैं। मजाल है उनके सामने तो क्या, पीछे भी कोई उनके विरुद्ध एक शब्द बोलने की गुस्ताखी कर जाए। इस मामले में मेरा अनुभव सर्वथा भिन्न रहा है। मैंने माथुरजी को स्वाभिमानी तो पाया, मगर आत्म-मुग्ध कभी नहीं देखा। दरअसल मैंने एक से बढ़कर एक आत्म-मुग्ध देखे हैं। लेकिन फिलहाल तो मुझे गिरिजा कुमार माथुर के बेलाग और बेलौस स्वभाव के बारे में ही बात करनी है।

यह उन दिनों की बात है जब फोनाचार में स्थानीय कॉलों पर तीन मिनट तक बात करने की पाबन्दी नहीं थी। तो हाँ, फोन की घण्टी बजती है और माथुर साहब की आवाज सुनाई देती है। वह पूछते हैं—"क्या तुमने इस बार का धर्मयुग देखा है?"

"जी देखा तो है।"

"इसमें तीन गीत छपे हैं। क्या तुम गीतकार को जानते हो?"

"जी, ये गीत बरेली के किशन सरोज के हैं।"

"भई ये तो बहुत बढ़िया गीत हैं। यह गीतकार तो खूब लिखता है।"

मैं माथुर साहब को अपनी जानकारी के मुताबिक किशन सरोज के बारे में और कुछ बताता हूँ और बात काफ़ी लम्बी खिंच जाती है। कुछ दिनों बाद पता चलता है कि माथुर साहब ने किशन सरोज को कोलकाता में आयोजित होने वाले एक बड़े कवि सम्मेलन में निमन्त्रण भिजवा दिया है।

पर इतना अवश्य है कि माथुरजी आत्म सजग सदैव रहा करते थे; भले ही काव्यपाठ का अवसर हो, अथवा किसी पार्टी या समारोह में जाने का। काव्यपाठ के दौरान वह अपनी श्रेष्ठ रचना को श्रेष्ठतम रूप में सुनाने में विश्वास रखते थे और पार्टी-समारोहों में आकर्षक पोशाक में उपस्थित होने में। दूरदर्शन के एक राष्ट्रीय कवि सम्मेलन की बात है। रिकार्डिंग चल रही थी, कैमरे तैनात थे। माथुर साहब की बारी आने ही वाली थी। उन्होंने इशारे से मुझे अपने पास बुलाया और धीरे-से चार-पाँच कविताएँ दिखाते हुए बोले—"जरा जल्दी बताओ, कौन-सी कविता पढ़नी है। तुम्हारा चुनाव बहुत अच्छा होता है।"

'तार सप्तक' में अपने काव्य सम्बन्धी वक्तव्य में गिरिजा कुमार माथुर ने ये विचार व्यक्त किए थे—"कविता में विषय से अधिक टेकनीक पर ध्यान दिया है। विषय की मौलिकता का पक्षपाती होते हुए भी मेरा विश्वास है कि टेकनीक के अभाव में कविता अधूरी रह जाती है। इसलिए चित्र को अधिक स्पष्ट करने के लिए मैं वातावरण के रंग उसमें भरता रहा हूँ।" इतना ही नहीं, गिरिजा कुमार माथुर की इस उदार, लचीली और नित-नित नवीन काव्य चेतना के प्रति रायकिशोर द्विवेदी की यह टिप्पणी अत्यन्त सटीक प्रतीत होती है—"गिरिजा कुमार माथुर निरन्तर अपने आपको पुराने से नया और नए से नया बनाने का प्रयत्न करते रहे हैं।"

गिरिजा कुमार माथुर हिन्दी के उन विरल कवियों में एक हैं जो अपनी प्रयोगात्मकता, टटकेपन, अनुभूतियों के ताप के कारण जन-जन में लोकप्रिय हुए और प्रबुद्ध समीक्षकों एवं गम्भीर पाठकों द्वारा भी सराहे गए। उनके अनेक गीत कविसम्मेलनों के मंच पर स्थापित रहे तो उनकी कई प्रयोगशील कविताएँ भी जनता के कण्ठ का हार बनी। इसका एक कारण यह भी रहा कि माथुरजी ने कभी भी कविता की लोकप्रियता से परहेज नहीं किया और न ही कविता को जनसामान्य की चीज़ मानने वालों ने माथुरजी की कविताओं को किसी अजनबी दुनिया की चीज़ माना।

माथुर साहब को यों तो कई शौक़ थे। मसलन हल्का-सा ज़र्दा मिश्रित पान सुपारी खाना, नए-से-नए कवियों को साथ बैठाकर उनकी कविताएँ सुनना-सुनाना और मूड बन जाए तो खुद तरन्नुम से काव्यपाठ करना। इससे भी अधिक उनका शौक़ था अपने प्रिय जनों से फोन पर लम्बी बातचीत करना। प्रायः यह बातचीत आधा घंटा से लेकर पैंतालिस मिनट तक की हो सकती थी। फोन पर इतनी लम्बी बातचीत करने वाले मैंने सचमुच बहुत कम लोग देखे हैं। बातचीत में हर मुद्दे का पूरा ब्यौरा जब तक वे जान नहीं लेते थे, फोन छोड़ते ही न थे। अगर ग़लती से कुछ छूट भी जाए तो घंटी पुनः बज उठती थी। फिर एक दिन ऐसा भी आया कि टेलीफोन विभाग ने टेलीफोन कॉलों की अवधि सीमित कर दी और लम्बी बातचीत महँगी पड़ने लगी। तब माथुरजी ने थोड़ा संयम तो बरता, मगर 'आदत कभी नहीं जाती' की तरह माथुरजी की यह आदत थोड़ा विचलित तो हुई, मगर पूरी तरह गई नहीं।

नई कविता की सर्वाधिक जनप्रिय त्रयी में भवानी प्रसाद मिश्र, धर्मवीर भारती और गिरिजा कुमार माथुर का नाम आता है। इसके बाद सर्वेश्वर दयाल सक्सेना, केदारनाथ सिंह और कैलाश वाजपेयी हैं। कवि सम्मेलनों में सक्रिय भागीदारी के मामले में गिरिजा कुमार माथुर और भवानी भाई ही प्रमुख थे। धर्मवीर भारती मंच से बचे रहे। माथुर और भवानी भाई में भी सस्वर काव्यपाठ करने वाले माथुर ही रहे। यद्यपि भवानी भाई का काव्यपाठ पर्याप्त आकर्षक और संवाद युक्त होता था पर सस्वर काव्यपाठ उन्होंने नहीं किया। इस मामले में भी माथुर बिल्कुल विशिष्ट रहे और कामयाब भी। शास्त्रीय संगीत का उनका ज्ञान इस दिशा में बहुत उपयोगी रहा।

गिरिजा कुमार माथुर की लोकप्रियता का जादू ऐसे कवि-सम्मेलनों में भी छाया रहा, जहाँ नितान्त लोकप्रिय गीतकार नीरज, वीरेन्द्र मिश्र, देवराज दिनेश, सोम ठाकुर, रामावतार त्यागी और रामानन्द दोषी मौजूद हुआ करते थे। कई बार तो ऐसा भी हुआ कि उन्हें काका हाथरसी, गोपाल प्रसाद व्यास और सुरेन्द्र शर्मा के साथ भी कविता पढ़नी पड़ी। मगर तब भी वे खूब सराहे गए। दूरदर्शन और आकाशवाणी के अनेक आयोजन मेरे इस कथन के साक्षी हैं। उनकी अनेक पंक्तियाँ काव्यरसिकों ने बार-बार सुननी चाहीं। डॉ. नामवर सिंह के मुहावरे में बयान करूँ तो कहना न होगा कि तार सप्तक से चौथे सप्तक तक जितने भी अट्ठाईस कवि हुए हैं, उनमें मात्र गिरिजा कुमार माथुर ही तरन्नुम से काव्यपाठ करते रहे। वह नई कविता के कवियों को सलीके से कविता पढ़ने की कला विकसित

करने का परामर्श भी प्रायः देते रहे।

गिरिजा कुमार माथुर स्वयं भले ही नई भावधारा, नवोन्मेष एवं नई तकनीक के कवि रहे हों, मगर उन्होंने कविता की किसी शैली को कमतर नहीं माना। 'धूप के धान' की भूमिका में वह साफ़-साफ़ लिखते हैं—"कविता में वस्तु और शैली की हम कोई वर्णाश्रम व्यवस्था मानने को तैयार नहीं हैं। शैली या विचार वस्तु के श्रेष्ठ तत्त्व चाहे वह काव्य के किसी निकाय से आए हों हमारे लिए अछूत नहीं। हम यह मानते हैं कि श्रेष्ठ साहित्य पक्षधर नहीं होता वह विभिन्न और प्रत्यक्षतः विरोधी दिखने वाले पक्ष या प्रवृत्तियों का समन्वय करता चलता है, उनके आधारभूत मूल्यों और तत्त्वों को समेटकर उनमें सन्तुलन स्थापित करता है। साहित्य का यही नैतिक पक्ष है जो उसे महान दर्शन की श्रेणी में ला मिलाता है।"

गिरिजा कुमार माथुर के साथ एक विचित्र संयोग यह भी घटा कि जब उन्होंने 'भूले हुओं का गीत' जैसी यादगार रचना लिखी, लगभग उसी समय प्रख्यात शायर साहिर लुधियानवी ने अपनी नज़्म 'चलो इक बार फिर से अजनबी बन जाएँ हम दोनों' की रचना भी की। दोनों ही कविताएँ भारतीय काव्यरसिकों के बीच खूब पसन्द की गईं। साहिर की नज़्म यदि फिल्म में आ जाने के कारण गूँजी तो माथुर साहब का गीत, कविता के गम्भीर, संवेदनशील पाठकों—श्रोताओं के मध्य उनके काव्य संकलन एवं आकाशवाणी के माध्यम से पहुँचा। दोनों रचनाओं का रंग लगभग एक सा था, मगर उनकी खुशबू जुदा-जुदा थी। यह प्रसंग इस तथ्य का द्योतक भी है कि दो बड़े कवि एक ही भावभूमि पर अपने-अपने अन्दाज़ में किस क़दर ख़ूबसूरत लिख सकते हैं।

गिरिजा कुमार माथुर में अपने प्रत्येक कार्य को चरमोत्कर्ष पर पहुँचाने की कामना विद्यमान रहती थी। दूरदर्शन से सेवानिवृत्ति के बाद, उन दिनों वे 'गगनांचल' का सम्पादन कर रहे थे और प्रयत्नशील थे कि 'गगनांचल' को एक चोटी की पत्रिका के रूप में जाना जाए तथा उसमें दिया जाने वाला लेखकों का पारिश्रमिक भी सबसे ज़्यादा हो।

यह घोषणा वे लेखकों के बीच भी करते थे। यही बात माथुर साहब ने मुझे भी बताई थी और मैं कुछ भेजने की तैयारी कर ही रहा था कि एक दिन माथुर साहब का फोन आया। स्वर में शिकायत थी—"तुम्हारी कुछ बहुत अच्छी ग़ज़लें इधर एक बहुत ही घटिया पत्रिका (नाम जानकर क्या करेंगे) में पढ़ने को मिलीं। तुमने ये रचनाएँ 'गगनांचल' को क्यों नहीं भेजीं? हम तो पारिश्रमिक भी

सबसे ज़्यादा देते हैं।"

मैं निरुत्तर था। फिर हिम्मत बटोर कर चुटकी लेता हुआ बोला–"माथुर साहब, नाराज़ मत होइएगा। साधारण पत्रिका में छपने के कारण वैसे भी इन्हें बहुत लोगों ने पढ़ा नहीं होगा। अब आप इन्हें 'गगनांचल' में पुनः छाप दीजिए और वो जो अच्छा-सा पारिश्रमिक है, मुझे मिल ही जाएगा।" सुनकर माथुर साहब ने जोर का ठहाका लगाया और मैंने महसूस किया कि उनकी किंचित नाराज़गी पूरी तरह समाप्त हो गई है।

वास्तविकता यह है कि गिरिजा कुमार माथुर हिन्दी की परम्परावादी कविता तथा नव्यतर काव्यबोध, गीतिधारा और नई कविता के बीच एक सुदृढ़ सेतु का काम करते रहे हैं। आज भी नए लिखने वालों के लिए वे प्रबल प्रेरणा बिन्दु हैं। उनके निधन के उपरान्त गत छः वर्षों से बाईस अगस्त को उनके जन्म दिवस पर प्रतिभावान, सम्भावनाशील और श्रेष्ठ युवा कवि को 'गिरिजा कुमार माथुर सम्मान' प्रदान किया जाता है। सर्वश्री प्रकाश मनु, दिविक रमेश, नरेन्द्र जैन, कुमार अम्बुज, अनामिका तथा कात्यायनी को अब तक इस सम्मान से नवाज़ा जा चुका है।

कहा ज़ा सकता है कि गिरिजा कुमार माथुर हिन्दी के सर्वाधिक लोकप्रिय प्रयोगवादी, वैज्ञानिक्र दृष्टि सम्पन्न, आधुनिकता से ओतप्रोत कवि हैं, जिनके समकक्ष किसी और कवि को रखना मुश्किल होगा।

–शेरजंग गर्ग

कविता क्रम

कवितांचल

गीतांचल

कहानी

छाया मत छूना

छाया मत छूना, मन
होगा दुख दूना, मन

जीवन में हैं सुरंग सुधियाँ सुहावनी
छवियों की चित्र गन्ध फैली मनभावनी
तन सुगन्ध शेष रही बीत गई यामिनी
कुन्तल के फूलों की याद बनी चाँदनी

भूली-सी एक छुअन
बनता हर जीवित क्षण

यश है, न वैभव, मान है, न सरमाया
जितना ही दौड़ा तू उतना ही भरमाया
प्रभुता का शरण-बिम्ब केवल मृगतृष्णा है
हर चंदिरा में छिपी एक रात कृष्णा है

जो है यथार्थ कठिन
उसका तू कर पूजन
छाया मत छूना, मन
होगा दुख दूना, मन

दुविधा हत् साहस है दिखता है पन्थ नहीं
देह सुखी हो पर मन के दुःख का अन्त नहीं
दुःख है, न चाँद खिला शरद रात आने पर
क्या हुआ जो खिला फूल रस-वसन्त जाने पर

जो न मिला भूल उसे
कर तू भविष्य वरण
छाया मत छूना, मन
होगा दुख दूना, मन

जलते प्रश्न

जगमग होते कलश-कंगूरे
रंगों की झरती बरसात
चमक चँदोवे कंगने पहिने
खुश है राजनगर की रात
    खुश हैं हम भी--
    पर फिर दिखते
    वे उदास चेहरे गुमनाम
    दूर टिमटिमाते गाँवों के
    उठ आते हैं दर्द तमाम
खुश हैं हम--
है झुका न माथा
अग्नि-परीक्षा में हर बार
बिना तेज़ सामाजिक गति के
नहीं मिटेगा हाहाकार
    बड़ी चुनौती खड़ी सामने
    नहीं राह पर बिछे गुलाब
    नई शक्ति देकर अब जनता
    माँग रही है नए जवाब
सोच रहा हूँ--
क्या आज़ादी है मेले-ठेले का नाम
सिर्फ तमाशा है परेड का?
सजी झाँकियों का अभिराम

आज़ादी का अर्थ, न कुर्सी
बंगला, अमला या धन धाम
रौब-दाँव, भाषण, मालाएँ
परमिट, तमग़े और इनाम
यह न तस्करों की आज़ादी
दो नम्बर दुनिया बदनाम
जात-पाँत की धक्का शाही
फूट, लूट, हत्या, कुहराम
टक्कर खाते आम आदमी
हर काग़ज़ पर लिक्खा दाम
बिना-चढ़ावे के न सरकता
एक इंच भी पहिया जाम
क्यों है अब हर चीज़ बिकाऊ
शुद्ध न कोई कारोबार
यह मशीन चीकट काजल से
बड़ी सफाई है दरकार
माना बदला है काफ़ी कुछ
तेज़ नहीं लेकिन रफ़्तार
रक्षित जन हो, दुष्ट दमन हो
समय-शक्ति फिर रही पुकार
गूँज रहे मेरे शब्दों में
सब कुछ सहते कण्ठ अपार
मेरी कविता के दर्पण में
झाँक रहा असली संसार!

न्यूयॉर्क की एक शाम

देश काल तजकर मैं आया
भूमि सिन्धु के पार सलोनी
उस मिट्टी का परस छुट गया
जैसे तेरा प्यार, सलोनी
    दुनिया एक मिट गई, टूटे
    नया खिलौना ज्यों मिट्टी का
    आँसू की सी बूँद बन गया
    मोती का संसार, सलोनी
स्याह सिन्धु की इस रेखा पर
ये तिलिस्म-दुनिया झिलमिल है
हुमक उमगती याद फेन-सी
छाती में हर बार, सलोनी
    सभी पराया सभी अचीन्हा
    रंग हज़ारों पर मन सूना
    नभ-भवनों में याद आ रहे
    वे कच्चे घर-द्वार, सलोनी
गालों की गोराई जैसा
यह पतझर का मौसम आया
झरी उमंगें मेपिल सी
सुख-सेव झरे छतनार, सलोनी
    यह वैभव विलास की दुनिया
    ॠतु रोमानी तन रोमांचित
    कहीं नयन मिल होते शीतल
    अपने मन अंगार, सलोनी।

खुशबू बहुत है

मेरे युवा-आम में नया बौर आया है
खुशबू बहुत है क्योंकि तुमने लगाया है
        आएगी फूल-हवा अलबेली मानिनी
        छांएगी कसी-कसी अँबियों की चाँदनी
        चमकीले, मँजे अंग
        चेहरा हँसता मयंक
        खनकदार स्वर में तेज़ गमक-ताल फागुनी

मेरा जिस्म फिर से नया रूप धर आया है
ताज़गी बहुत है क्योंकि तुमने सजाया है
        अन्धी थी दुनिया या मिट्टी भर अन्धकार
        उम्र हो गई थी एक लगातार इन्तज़ार
        जीना आसान हुआ तुमने जब दिया प्यार
        हो गया उजेला-सा रोओं के आर-पार

एक दीप ने दूसरे को चमकाया है
रौशनी के लिए दीप तुमने जलाया है
        कम न हुई, मरती रही केसर हर साँस से
        हार गया वक़्त मन की सतरंगी आँच से
        कामनाएँ जीतीं जरा-मरण-विनाश से
        मिल गया हरेक सत्य प्यार की तलाश से

थोड़े ही में मैंने सब कुछ भर पाया है
तुम पर वसन्त क्योंकि वैसा ही छाया है

चेहरे पर आती हैं परछाइयाँ

ये नई उम्र वाले गठीले बदन
ये नई काट के अंगबेधी वसन
        हर सड़क पर
        चटख रंग की बाढ़
बेफ़िक्र चलती हुईं
देहधारी शिखाएँ गरम
फूल की जोक चुभती निकलती हुईं

रुकी दृष्टि हटती
लिहाजों भरी सब्र करती, सँभलती
धुरी छोड़ देती है लेकिन
शुरू से अधूरी, पियासी, थमी
कुछ पुराने खुमारों की गहराइयाँ
मेरे चेहरे पर आती हैं परछाइयाँ

उड़े तूफान पर
जब ज़रा हीरा आया
रुके, साँस ली
तेज़ जाती हुई एक झाँकी दिखी
स्वप्न-सी उम्र की
आँख झपकी
कि बदली समूची छटा दृश्य की
मंच घूमा
बिठा दर्शकों में गया

बीच अभिनय
अभी तो खड़े पात्र थे
भाव मुद्रा धरे
प्यार आधा किए

वक्ष आधे मिले
बाँह आधी उठी
बात आधी कही!

फिर वही है हवा
कासनी नीलिमा
फिर वही दुष्ट मौसम
शरम तोड़ता
फिर वही फूल पीले
नए घोंसले
फिर वही घास पर
धूप का हाशिया
फिर वही चाँदनी
तेज, उत्कट युवा
फिर अछूती डगर
उम्र उठता नशा

अनबींधे मन का गीत

जल तो बहुत गहरा था
कमलों तक समझे हम
झील वह अछूती थी
पुरइन से ढँकी हुई
सूरज से अनबोली
चाँद से न खुली हुई
कई जन्म अमर हुए
कोरी अब सिर्फ देह
पहली ही बिजली
हमें नौका-सी बाँध गई
लहरें किन्तु भीतर थीं
रोओं तक समझे हम
तट से बँधा मन
छाया कृतियों में मग्न रहा
स्वप्न की हवाओं में
तिरती हुई गन्ध रहा
अतल बीच
सीपी का ताला निष्कलंक रहा
जादू का महल एक
नीचे ही बन्द रहा
अनटूटा था तिलिस्म
बाँहों में समझे हम

एक दिन शुरू के लम्बे कुन्तल
खुले दर्पण में
भिन्न स्वाह लिपि देखी
प्यासे आकर्षण में
मन था अनबींधा
बिंधी देहों के बन्धन में
अंजलियाँ भूखी थीं
आधे दिए अर्पण में

आया जब और चाँद
झील की तलहटी में
तब मीठी आँखों के
अर्थों को समझे हम

जल तो बहुत गहरा था
कमलों तक समझे हम।

सार्थकता

तुमने मेरी रचना के
सिर्फ एक शब्द पर
किंचित मुस्का दिया
  —अर्थ बन गई भाषा
छोटी-सी घटना थी
सहसा मिल जाने की
तुमने चलते हुए
एक गरम लाल फूल
ओठों पर छोड़ दिया
  —घटना सच हो गई
संकट की घड़ियों में
बढ़ते अन्धकार पर
तुमने निज पल्ला डाल
गाँठ बना बाँध लिया
  —व्यथा अमोल हो गई
मुझसे जब मनमाना
तुमने देहरस पाकर
आँखों से बता दिया
  —उम्र अमर हो गई

व्यक्तित्व का मध्यान्तर

लो आ पहुँचा सूरज के चक्रों का उतार
रह गई अधूरी धूप उम्र के आँगन में
हो गया चढ़ावा मन्द, वर्ण-अंगार थके
कुछ फूल शेष रह गए समय के दामन में
        खण्डित लक्ष्यों के बेकल साये ठहर गए
        थक गए पराजित यत्नों के अनरुके चरण
        मध्याह्न बिना आए पियराने लगी धूप
        कुम्हलाने लगा उमर का सूरजमुखी बदन
वह बाँझ अग्नि जो रोम-रोम में दीपित थी
व्यक्तित्व देह को जला स्वयं ही राख हुई
साहस गुमान की दोज उगी थी जो पहिले
वह पीत चन्द्रमा वाला अन्धा पाख हुई
        रंगीन डोरियाँ ऊर्ध्व कामनाओं वाली
        थे खींचे जिनसे नए नए आकाश दिए
        हर चढ़े बरस ने तूफानी उँगलियाँ बढ़ा
        अधजले दीप वे एक-एक कर बुझा दिए
तन की छाया-सी साथ रही है अडिग रात
पथ पर अपने ही चलते पाँव चमकते हैं
रह जाती ज्यों सोने की रेत कसौटी पर
सोने के बदले सिर्फ निशान झलकते हैं
        आ रहीं अंधिकाएँ भरने को श्याम रंग
        हर उजले रंग का चमक चंदोवा मिटता है
        नक्षत्र भावनाओं के बुझते जाते हैं
        हर चाँद कामना का सियाह हो उगता है

हर काम अधूरे रहे, वर्ष रस के बीते
वय के वसन्त की सूख रही आख़िरी कली
तूफ़ान भँवर में पड़कर भी मोती न मिले
हर सीपी में सूनी वन्ध्या चीत्कार मिली
चल रहा उमर का रथ दिनान्त के पहियों पर
मंज़िलें खोखली, पथ ऊसर एकाकी है
गति व्यर्थ गईं, उपलब्धिहीन साधना रही
मन में लेकिन सन्ध्या की लाली बाक़ी है
इस लाली का मैं तिलक करूँ हर माथे पर
दूँ उन सबको जो पीड़ित हैं मेरे समान
दुख, दर्द, अभाव भोगकर भी जो झुके नहीं
जो अन्यायों से रहे जूझते वक्ष तान
जो सज़ा भोगते रहे सदा सच कहने की
जो प्रभुता पद आतंकों से नत हुए नहीं
जो विफल रहे पर कृपा न माँगी घिघियाकर
जो किसी मूल्य पर भी शरणागत हुए नहीं।

सूरज का पहिया

मन के विश्वास का यह सोनचक्र रुके नहीं
जीवन की पियरी केसर कभी, चुके नहीं

उम्र रहे झलमल
ज्यों सूरज की तश्तरी
डण्ठल पर विगत के
उठे भविष्य सन्दली
आँखों में धूप लाल
छाप उन ओठों की
जिसके तन रोओं में
चन्दरिमा की कली
छाँह में बरौनियों के चाँद कभी थके नहीं
जीवन की पियरी केसर कभी चुके नहीं

मन में विश्वास
भूमि में ज्यों अंगार रहे
अगरई नज़रों में
ज्यों अलोप प्यार रहे
पानी में धरा गन्ध
रूख में बयार रहे
इस बिचार बीज की
फसल बार-बार रहे
मन में संघर्ष फाँस गड़कर भी दुखे नहीं
जीवन की पियरी केसर कभी चुके नहीं

आगम के पन्थ मिलें
रांगोली रंग भरे
सँतिए-सी मंज़िल पर
जन भविष्य दीप धरे
आस्था चमेली पर
न पूरी साँझ घिरे
उग्र महागीत बने
सदियों में गूँज भरे
पाँव में अनीति के मनुष्य कभी झुके नहीं
जीवन की पियरी केसर कभी चुके नहीं

अनकही बात

बोलते में
मुस्कराहट की कनी
रह गई गड़कर
नहीं निकली अनी

खेल से
पल्ला जो उँगली पर कसा
मन लिपटकर रह गया
छूटा वहीं

बहुत पूछा
पर नहीं उत्तर मिला
हैं लजीले मौन
बातें अनगिनी

अर्थ हैं जितने
न उतने शब्द हैं
बहुत मीठी है
कहानी अनसुनी
ठीक कर लो
अलग माथे पर पड़ी
ठीक से
आती नहीं है चाँदनी

याद यह दिन रहे
चाहे दूर से
दूर ही से सही
आए रोशनी

मैं कैसे आनन्द मनाऊँ

मैं कैसे आनन्द मनाऊँ
तुमने कहा हँसूँ रोने में रोते-रोते गीत सुनाऊँ

झुलस गया सुख मन ही मन में
लपट उठीं जीवन-जीवन में
नया प्यार बलिदान हो गया
पर प्यासी आत्मा मँडराती
प्रति सन्ध्या के समय गगन में
अपने ही मरने पर बोलो कैसे घी के दीप जलाऊँ

गरम भस्म माथे पर लिपटी
कैसे उसको चन्दन कर लूँ
प्याला जो भर गया ज़हर से
सुधा कहाँ से उसमें भर लूँ
कैसे उसको महल बना दूँ
धूल बन चुका है जो खँडहर
चिता बने जीवन को आज
सुहाग-चाँदनी कैसे कर दूँ
कैसे हँसकर आशाओं के मरघट पर बिखराऊँ रोली
होली के छन्दों में कैसे दीपावलि के बन्द बनाऊँ

थकी दुपहरी में पीपल पर

थकी दुपहरी में पीपल पर
काग बोलता शून्य स्वरों में,
फूल आखिरी ये वसन्त के
गिरे ग्रीष्म के ऊष्म करों में
धीवर का सूना स्वर उठता
तपी रेत के दूर तटों पर
हल्की गरम हवा रेतीली
झुक चलती सूने पेड़ों पर।
अब अशोक के भी थाले में
ढेर-ढेर पत्ते उड़ते हैं,
ठिठका नभ डूबा है रज में
धूल भरी नंगी सड़कों पर।
वन-खेतों पर है सूनापन
खालीपन निःशब्द घरों में,
थकी दुपहरी में पीपल पर
काग बोलता शून्य स्वरों में।
यह जीवन का एकाकीपन
गरमी के सुनसान दिनों सा,
अन्तहीन दोपहरी डूबा
मन निश्चल है शुष्क वनों-सा

ठहर गई हैं चीलें नभ में
ठहर गई है धूप-छाँह भी
शून्य तीसरा पहर पास है
जलते हुए बन्द नयनों सा
    कौन दूर से चलता आता,
    इन गरमीले म्लान पथों में,
    थकी दुपहरी में पीपल पर
    काग बोलता शून्य स्वरों में।

मिट्टी के सितारे (रुबाइयाँ)

कल थे कुछ हम; बन गए आज अनजाने हैं
सब द्वार बन्द, टूटे सम्बन्ध पुराने हैं
हम सोच रहे यह कैसा नया समाज बना
जब अपने ही घर में हम हुए विराने हैं

है आधी रात, अर्धजग पड़ा अँधेरे में
सुख की दुनिया सोती रंगों के घेरे में
पर दुख का इंसानी दीपक जलकर कहता
अब ज़्यादा देर नहीं है नए सवेरे में

हम जीवन की मिट्टी में मिले सितारे हैं
हम राख नहीं हैं राख ढँके अंगारे हैं
जो अग्नि छिपा रखी है हमने यत्नों से
हर बार धरा पर उसने प्रलय उतारे हैं

है दीप एक, पर मोल सूर्य से भी भारी
है व्यक्ति एक वर्तिका, दीप धरती सारी
देखो न दुखी हो व्यक्ति, उठे इंसानी लौ
वन-खण्ड जलाती सिर्फ एक ही चिंगारी

है झंझा पथ, पद आहत दीपक मद्धिम है
संघर्ष रात काली, मंज़िल पर रिमझिम है
लेकिन पुकारता आ पहुँचा युग इंसानी
दो क़दम रह गया स्वर्ग, चढ़ाई अन्तिम है

दीपक, तेरे नीचे घिर रहा अँधेरा है
सोने की चमक तले अनीति का डेरा है
तू इंसानी जीवन की रात मिटा, वर्ना
इंसान स्वयं बनकर आ रहा सवेरा है

नींव रखने वालों का गीत

माथे पर न रखो हाथ
ज़रा कुछ और तपने दो
आँखों में न पलकों की उतारो रात
श्रमजा नींव के अंकुर पनपने दो
हुईं हैं लाल आँखें
इन्हें थोड़ा और जलने दो
दहन के खरे पानी से
समय की कोर सजने दो

सहज का सुख नहीं मंजूर
छोटी वृष्टियाँ बेकार
उठे जब तक न मिट्टी से नया संसार
तुरत की चैन रंगीनी सभी निस्सार

मिलाना खींच छोटी डोर से दो छोर
लगाना गाँठें मुश्किल है
किसी की पहन कर उतरन
समझना पा लिया त्रिभुवन
मुलम्मा, भुलावा, छल है
असल सुख के लिए मेहनत
पसीने से बनेगा पथ
थकन है खींचने की
इसलिए छुट जाएगा क्या
राह ही है सूर्य निर्मित रथ

इसी से ज़िन्दगी की तिक्त
कड़वी कटी-सी अनुभूति
मन में और पचने दो
हमारे दर्द, दुख, संघर्ष को
मजबूत छाती पर
नई पीढ़ी सँवरने दो।

चाँदनी की रात है

चाँदनी की रात है तो क्या करूँ
जिन्दगी में चाँदनी कैसे भरूँ

दूर है छिटकी छबीली चाँदनी
बहुत पहली देह=पीली चाँदनी
चौक थे पूरे छुई के : चाँदनी
दीप ये ठण्डे रूई के : चाँदनी
पड़ रही आँगन तिरीछी चाँदनी
गन्ध चौके भरे मैले वसन
गृहिणी चाँदनी

याद यह मीठी कहाँ कैसे धरूँ
असलियत में चाँदनी कैसे भरूँ

फूल चम्पे का खिला है चाँद में
दीप ऐपन का जला है चाँद में
चाँद लालिम ऊगकर उजला हुआ
कामिनी उबटन लगा आई नहा
राह किसकी देखती यह चाँदनी
दूर देश पिया, अकेली चाँदनी

चाँदनी की रात है तो क्या करूँ
आसुँओं में चाँदनी कैसे भरूँ

शहर, कस्बे, गाँव, ठिठकी चाँदनी
एक जैसी पर न छिटकी चाँदनी
काग़ज़ों में बन्द भटकी चाँदनी
राह चलते कहाँ अटकी चाँदनी
हविस, हिंसा, होड़ है उन्मादिनी
शहर में दिखती नहीं है चाँदनी

चाँदनी की रात है तो क्या करूँ
कुटिलता में चाँदनी कैसे भरूँ

गाँव की है रात चटकी चाँदनी
है थकन की नींद मीठी चाँदनी
दूध का झरता बुरादा : चाँदनी
खोपरे की मिगी कच्ची चाँदनी

उतर आई रात दूर विहान है
वक़्त का ठहराव है सुनसान है

चाँदनी है फसल
ठंडे बाजरे की ज्वार की
गोल नन्हे चाँद से दाने
उजरिया मटीले घर-द्वार की
एक मुट्ठी चाँदनी भी रह न पाई
जब्र लूटे धूजते संसार की
दबे नंगे पाँव लुक-छिप भागती है
धूल की धौरी नदी गलियार की
चुक गई सारी उमर की चाँदनी

बाल सन से ऊजरे ज्यों चाँदनी
कौड़ियों-सी बिछी उजली चाँदनी
कौड़ियों के मोल बिकती चाँदनी

और भी लगती सुहानी चाँदनी
धान, चावल, चून होती चाँदनी

चाँदनी की रात है तो क्या करूँ
पंजरों में चाँदनी कैसे भरूँ

गाँव का बूढ़ा कहे सुन चाँदनी
रात काली हो कि होवे चाँदनी
गाँव पर अब भी अँधेरा पाख है
साठ बरसों में न बदली चाँदनी

फिर मिलेगी कब दही-सी चाँदनी
दूध, नैनू, घी, मही सी चाँदनी

चाँदनी की रात है तो क्या करूँ
डण्ठलों में चाँदनी कैसे भरूँ

पन्द्रह अगस्त

आज जीत की रात
पहरुए सावधान रहना
खुले देश के द्वार
अचल दीपक समान रहना

प्रथम चरण है नए स्वर्ग का
है मंज़िल का छोर
इस जन-मन्थन से उठ आई
पहली रत्न हिलोर
अभी शेष है पूरी होना
जीवन मुक्ता डोर
क्योंकि नहीं मिट पाई दुःख की
विगत साँवली कोर

ले युग की पतवार
बने अम्बुधि महान रहना
पहरुए, सावधान रहना !

विषम शृंखलाएँ टूटी हैं
खुली समस्त दिशाएँ
आज प्रभंजन बनकर चलतीं
युग बन्दिनी हवाएँ
प्रश्न चिह्न बन खड़ी हो गईं
यह सिमटी सीमाएँ

आज पुराने सिंहासन की
टूट रही प्रतिमाएँ

उठता है तूफान इन्दु तुम
दीप्तिमान रहना
पहरुए, सावधान रहना

ऊँची हुई मशाल हमारी
आगे कठिन डगर है
शत्रु हट गया, लेकिन
उसकी छायाओं का डर है
शोषण से मृत है समाज
कमज़ोर हमारा घर है
किन्तु आ रही नई ज़िन्दगी
यह विश्वास अमर है

जन गंगा में ज्वार
लहर तुम प्रवहमान रहना
पहरुए, सावधान रहना!

कौन थकान हरे

कौन थकान हरे जीवन की।
        बीत गया संगीत प्यार का,
        रूठ गई कविता भी मन की।
वंशी में अब नींद भरी है,
स्वर पर पीत साँझ उतरी है
बुझती जाती गूँज आखरी—
इस उदास वन-पथ के ऊपर
पतझर की छाया गहरी है,
        अब सपनों में शेष रह गईं,
        सुधियाँ उस चन्दन के वन की।
रात हुई पंछी घर आए,
पथ के सारे स्वर सकुचाए,
म्लान दिया बत्ती की वेला—
थके प्रवासी की आँखों में
आँसू आ आकर कुम्हलाए,
        कहीं बहुत ही दूर उनींदी
        झाँझ बज रही है पूजन की
        कौन थकान हरे जीवन की।

विदा समय क्यों भरे नयन हैं

विदा समय क्यों भरे नयन हैं

अब न उदास करो मुख अपना
बार बार फिर कब है मिलना
जिस सपने को सच समझा था
वह सब आज हो रहा सपना
याद भुलाना होंगी सारी
भूले भटके याद न करना
चलते समय उमड़ आये इन पलकों में जलते सावन हैं।

कैसे पीकर ख़ाली होगी
सदा भरी आँसू की प्याली
भरी हुई लौटी पूजा बिन
वह सूनी की सूनी थाली
इन खोई खोई आँखों में—
जीवन ही खो गया सदा को
कैसे अलग अलग कर देंगे
मिला-मिला आँखों की लाली
छुट पाएँगे अब कैसे, जो अब तक छुट न सके बन्धन हैं।

जाने कितना अभी और
सपना बन जाने को है जीवन
जाने कितनी न्यौछावर को
कहना होगा अभी धूल कन
अभी और देनी हैं कितनी
अपनी निधियाँ और किसी को
पर न कभी फिर से पाऊँगा
उनकी विदा समय की चितवन
मेरे गीत किन्हीं गालों पर रुके हुए दो आँसू कन हैं
विदा समय क्यों भरे नयन हैं।

अभी तो झूम रही है रात

बड़ा काजल आँजा है आज
भरी आँखों में हलकी लाज

तुम्हारे ही महलों में प्रान
जला क्या दीपक सारी रात
निशा का-सा पलकों पर चिह्न
जागती नींद नयन में प्रात

जगी-सी आलस से भरपूर
पड़ी हैं अलकें बन अनजान
लगीं उस माला में कैसी
सो न पाई-सी कलियाँ म्लान

सखी, ऐसा लगता है आज
रोज़ से जल्दी हुआ प्रभात
छिप न पाया पूनों का चाँद
अभी तो झूम रही है रात

सदा ही से है ऐसा रंग
आज ही नहीं गाल कुछ लाल
उषा की भी तो पड़ती छाँह
नींद में या भिंज गए प्रवाल

अधर पर धर क्या सोई रात
अजाने ही मेहँदी के हाथ
मला होगा केसर अंग राग
तभी पुलकित कंचन-सा गात

आज तेरा भोलापन चूम
हुई चूनर भी अल्हड़ प्रान
हुए अनजान अचानक ही
कुसुम से मसले बिखरे साज!

बड़ा काजल आँजा है आज
भरी आँखों में हलकी लाज

तुमने प्यार नहीं पहिचाना

तुमने प्यार नहीं पहिचाना
तुमने जिसको समझा गागर
आग भरा वह मेरा सागर
वे मेरे मोती थे जिनको
तुमने समझ लिया था पत्थर
उन सफ़ेद हलके फूलों को
तुमने छोड़ा धूल बताकर

मिटती लहर सोचकर तुमने उठता ज्वार नहीं पहिचाना

मेरी अमर लालसाएँ जब
धो डालीं तुमने मुस्काकर
खाली ही रह गया कटोरा
इतनी लहरों के आने पर
इस थकान से भरी उमर को
मैंने भी जीवन समझा था
आँखों में ही हाथ रह गया
जो आँखों में रखा छुपाकर

शुष्क फूल-सा फेंका वह जीवन उपहार नहीं पहिचाना

मेरी हँसी सभी ने देखी
पर किसने आँखों का पानी
मेरी हार देख ली सबने
पर न जीत मेरी पहिचानी
मेरे जीवन के सपनों को
तुमने सदा कहा नादानी
मैंने नहीं सुनाई–
मुझमें मिटने वाली कथा-कहानी
जिस आँसू में डूब गया मेरा संसार, नहीं पहिचाना
तुमने प्यार नहीं पहिचाना।

आज हैं केसर रंग रँगे वन

आज हैं केसर रंग रँगे वन
रंजित शाम भी फागुन की खिली पीली कली सी,
केसर के वसनों में छिपा तन,
सोने की छाँह-सा,
बोलती आँखों में
पहिले वसन्त के फूल का रंग है।
गोरे कपोलों पै हौले से आ जाती,
पहिले ही पहिले के,
रंगीन चुम्बन की-सी ललाई
आज हैं केसर रंग रँगे–

गृह, द्वार, नगर, वन,
जिनके विभिन्न रंगों में है रँग गई
पूनो की चन्दन चाँदनी।

जीवन में फिर लौटी मिठास है,
गीत की आखिरी मीठी लकीर-सी,
प्यास भी डूबेगी गोरी-सी बाँहों में
ओठों में, आँखों में,
फूलों में डूबें ज्यों–
फूल की रेशमी रेशमी छाँहें।

आज हैं केसर रंग रँगे वन।

होंगे कामयाब!

होंगे कामयाब
होंगे कामयाब
हम होंगे कामयाब एक दिन

मन में है विश्वास
पूरा है विश्वास
हम होंगे कामयाब...एक दिन

होगी शान्ति चारों ओर
होगी शान्ति चारों ओर
होगी शान्ति चारों ओर
एक दिन
मन में है विश्वास
पूरा है विश्वास, हम होंगे कामयाब...एक दिन

नहीं डर किसी का आज
नहीं भय किसी का आज
नहीं डर किसी का
आज के दिन
मन में है विश्वास पूरा है विश्वास
हम होंगे कामयाब...एक दिन

हम चलेंगे साथ-साथ
डाल हाथों में हाथ
हम चलेंगे साथ साथ...एक दिन
मन में है विश्वास
पूरा है विश्वास
हम होंगे कामयाब
...एक दिन!

(श्री गिरिजा कुमार द्वारा-1972 में रचित यह गीत अत्यन्त लोकप्रिय हुआ और देश के बच्चे-बड़ों सभी की जुबान पर चढ़ गया। सचमुच यह नए राष्ट्र गान के रूप में सामने आया है। 'हम होंगे कामयाब...एक दिन' पंक्ति ने एक मुहावरे का रूप ग्रहण कर लिया है।)

भूले हुओं का गीत

बरसों के बाद कभी
हम तुम यदि मिलें कहीं
देखें कुछ परिचित से
लेकिन पहिचानें ना

याद भी न आए नाम
रूप, रंग, काम, धाम
सोचें
यह सम्भव है
पर, मन में मानें ना

हो न याद, एक बार
आया तूफान, ज्वार
बन्द मिटे पृष्ठों को
पढ़ने की ठानें ना

बातें जो साथ हुईं
बातों के साथ गईं
आँखें जो मिली रहीं
उनको भी जानें ना।

कवितांचल

बौनों की दुनिया

हम सब बौने हैं—
उनकी नज़र में
जो असली बौने हैं
क्योंकि हम जन हैं
साधारण हैं
हम नहीं हैं विशिष्ट।

—क्योंकि हर ज़माना हमें
चाहता है बौने रहें
बरना मिलेंगे कहाँ
वक्ता को श्रोता
नेता को पिछलगुए
बुद्धिजनों को पाठक
आन्दोलनों को भीड़
धर्मों को भक्त
सम्प्रदायों को मतिमन्द
राज्यों को क्लर्क
कारखानों को मज़दूर
तोपों को भोजन
पार्टी बॉसों को यसमैन
राजाओं को गुलाम
डिक्टेटरों को अन्धे

डिमोक्रेसी को मीडियोकर
मतवादों को बुद्धू
संघवादों को साँचे ढले आदमी

हम सब इन्हीं के लिए
युग-युग से जीते हैं
नींव में खड़े हैं हम
इतिहास-वसन सीते हैं
इतिहास उनका है
हम सब तो स्याही हैं
विजय सभी उनकी
हम सब घायल सिपाही हैं

हमको हमेशा ही
घायल भी रहना
सिपाही भी रहना है
दैत्यों के काम निभा
बौने ही रहना है।

इतिहास का सिंहासन

एक बड़ा बूढ़ा-सा हाल
एक ऊँचा चबूतरा
सिर्फ़ एक सिंहासननुमा कुरसी
और एक सुनहरी पोशाक
बैठे हैं उपराम दर्शक—
एक व्यक्ति आता है
पोशाक पहन बैठ जाता है
—यन्त्रवत दर्शक ताली बजाते हैं—

दूसरा बड़ी कसमसाहट के बाद
सबसे हाथ उठवाकर
पहले को गद्दी से नीचे बिठा देता है
—सहमत दर्शक शोर मचाते हैं—
तीसरा जबरन ही घुसकर
दोनों को खिड़की से बाहर फेंक देता है
—भयभीत दर्शक जोश दिखाते हैं
चौथा चुपचाप पीछे से आकर
सिंहासन ही उठा ले जाता है
हाल पर बाहर से ताला जड़ देता है
—बन्द हुए दर्शक नारे लगाते हैं।

अशेष-प्रतीक्षा

जिसकी प्रतीक्षा है
वह कभी नहीं होगा
        समय की सुइयाँ सरकती ही जाएँगी

और हर मिनिट
अगले मिनिट के इन्तज़ार में रुकेगा
और हर ख़ाली इन्तज़ार
अगले विश्वास के इन्तज़ार में रहेगा
        और सब कुछ जानकर भी
        मन उसे झूठ नहीं मानेगा
और यह सब कुछ
इसी तरह रुका ही रहेगा—
        जिसकी प्रतीक्षा है
        वह कभी नहीं होगा।

जो बँध नहीं सका

एक आग है जो धधक रही है
एक लपट है जो रुक नहीं पाती
एक शक है जो घुमड़ रहा है
एक गन्ध है जो बेध नहीं पाती
    वह पात्र लाऊँ कहाँ से
    जिसमें धरूँ यह आग
    वह वर्तिका
    जिसमें जले यह लौ
    वह शंख खाली—
    रिक्त केसर फूल
    जिसमें भरूँ यह गन्ध
हर पात्र गल जाता
भभक उड़ जाती हर वर्तिका
हर शंख लता टूट
हर फूल
छूते ही वह अनोखी गन्ध
बिखर जाता—
यह इन सबकी विवशता नहीं
नहीं उस आग की
उस गन्ध की
उस शब्द की भी
सिर्फ़ मेरी है

अर्ध आधुनिकों की बातचीत

—'ज़िन्दगी है भार हुई
दुनिया है बहुत बोर'
—'दम्भी पाखंडी, बहुरूपिये
हैं बड़े लोग'
—'बात ये है
सारा ज़माना ही है बेईमान'
'आदमी असल में है
बेसिकली हैवान'
—क्या करें
विकृत हो गए हैं सभी मूल्यमान
'सिर्फ़ घूमता है
रेज़गारी-सा इंसान'
        'हटाओ यार
        मारो गोली
        पियो कॉफी'
'डम डम डीगा डीगा
मौसम भीगा भीगा'

ममताओं की सन्धि पर

जब खिड़की के परदे हटते हैं
और सुबह शोर बनकर भीतर आता है
छेड़ी हुई नींद की घुमेर
अधिक गुड़ी-मुड़ी होकर सिकुड़ जाती है
और वह मीठी झनकदार वाणी सुन पड़ती है
कान जिसे बिना सुने
बहरे से रहते हैं
　　तब मुझे लगता है
　　मैं भी जीवित हूँ
जब काम पर जाने की भागदौड़ होती है
और तैयारी का एक नन्हा खँडहर घूमता है
जब नाश्ते की तरह
हर चीज़ अधूरी छूट जाती है
पर पीछे-पीछे छाया-सी
एक निहोर लगी रहती है
　　तब मुझे लगता है
　　मैं भी जीवित हूँ
दिन भर जब, बाहर मैं मगन रहता हूँ
और हर क्षण अपनी ही उपलब्धि बन जाता हूँ
जब मैं नहीं
विचार, तर्क, निर्णय
ज्ञान, नियम रहते हैं
जब अपनी ही सब ज़रूरतें
दूर किसी दूसरे की लगती हैं

इन सबके बीच जब
सहसा ही फोन पर
नन्ही-सी भोली आवाज़ घर बुलाती हैं
        तब मुझे लगता है
        मैं भी जीवित हूँ ·
अनगिनती बातों में उलझी हुई है देह
जूझ रही
हर नए दिन के छोटे तूफानों में
ठहरे बिना यह मन उड़ता कमन्द-सा
दूर-दूर बेमेल तृप्तिहीनताओं में
दोनों समाधियों के बीच जब
तुम या तुम्हारी ममताओं का संकेत
झबरे बाल वाले बच्चे-सा दौड़ जाता है
        तब मुझे लगता है
        मैं भी जीवित हूँ

हटती रोशनी

रोशनी पास नहीं आती है
हम ही पास जाते हैं
और वह
हर बार
        अपनी जगह से हट जाती है

निपट खोखली है गुफ़ा
यह घट अँधेरा है
बेपहचाना अन्धकार
भीतर घुट गया है

रोशनी पास नहीं आती है
हर बार
अपनी जगह से हट जाती है

नया बच्चा

ओ नन्हें बच्चे
ताज़ी कोंपल से बच्चे
नरम मुलायम
जैसे चिड़िया के रोएँ
कपास के गुलगुले गाले
भीगे, रचे, गूँथे हुए आटे
शरबती गेहूँ के–
जाफरान रेशे
छुई-मुई बाल
आँखों की जगह खींच ही है चितेरे ने
पतली साँवली लकीर
ओठों का चन्द्रमा
खिलौने की कमान-सा
बँधी हुई मुट्ठियाँ
पाँच रेख कड़ी लोई
छोटी-सी चून की–
रोम मुँदी नई देह की चिकनाई
ताज़े दूध की मलाई ज्यों
छू जाय अनजाने
पता लगे चिकनापन
फेरें जब उँगली
अँगूठे पर हल्के से

ओ नन्हे बच्चे
तू उतना ही ताज़ा है
सोंधा है
मीठा है
जैसे हर सद्यःजात
बीज से फूटी आँस
नरम अमोला गुठली से
चिरोटे की पाँख
भोला मुँह खरगोश
बिल्ली, कबूतर का बच्चा
ज़िन्दा सैल्यूलाइड का गुड्डा
बेख़बर, मासूम
अभी तुझे दुनिया का कुछ नहीं मालूम
खूब खुल-खेल
बोल, तुतला के, हँस, रो ले
मर्ज़ी जो कर डाल
क्योंकि बड़ा होने पर
हँस न सकेगा तू
बोल न सकेगा तू
रो भी न सकेगा तू

दो पाटों की दुनिया

चारों तरफ़ शोर है
चारों तरफ़ भरा पूरा है
चारों तरफ़ मुर्दनी है
भीड़ और कूड़ा है
        हर सुविधा एक ठप्पेदार–
        अजनबी उगाती है
        हर व्यस्तता
        और अधिक अकेला कर जाती है
हम क्या करें
भीड़ और अकेलेपन के क्रम से कैसे छुटें

राहें सभी अँधेरी हैं
ज़्यादातर लोग पागल हैं
अपने ही नशे में चूर
वहशी हैं या गाफ़िल हैं
खलनायक हीरो हैं
विवेकशील कायर हैं
थोड़े से ईमानदार हैं
लगते सिर्फ मुजरिम हैं
        हम क्या करें
        अविश्वास और आश्वासन के क्रम से कैसे छुटें

तर्क सभी अच्छे हैं
अन्त सभी निर्मम हैं

आस्था के वसनों में
कंकालों के अनुक्रम हैं
प्रौढ़ सभी कामुक हैं
जवान सब अराजक हैं
बुद्धिजन अपाहिज हैं
मुँह बाये हुए भावक हैं
    हम क्या करें
    तर्क और मूढ़ता के क्रम से कैसे छुटें

हर आदमी में देवता है
और देवता बड़ा बोदा है
हर आदमी में जन्तु है
जो पिशाच से न थोड़ा है
हर देवतापन
हमको नपुंसक बनाता है
हर पैशाचिक पशुत्व
नए जानवर बनाता है
    हम क्या करें
    देवता और राक्षस के क्रम से कैसे छुटें!

रात है

रात है
सो गई दुनिया थकन से चूर
नींद में भरपूर
कुछ क्षणों को
ज़िन्दगी की विषमता
कटुता हुई है दूर
एक-सी आँखें सभी की
एक-सी है रैन
जागती आँखें उसी की
है न जिसको चैन
मैं नहीं यह चाहता
रोता रहे जग
हो सदा ही रैन
चाहता हूँ किन्तु कर्मठ दिवस में भी
नींद-सा हो चैन!

स्त्री

—मैं नीले आकाश वाली अपनी ख़ाली बाँहों में
तुम्हें फागुनी चाँद की तरह समेट लेना चाहता हूँ
—मैं धूप की ऊष्म उँगलियों से छूकर
तुम्हारी देह को आम्र बौरों-सा खिला देना चाहता हूँ
—मैं तुम्हारी पलकों और आँखों के कोयों को
किंशुक के काही ललाते रंगों से
और गहरा रंग देना चाहता हूँ

स्त्री,
लेकिन तुम सिर्फ सुगन्ध नहीं
नई नरम कोंपल नहीं
नाजुक क्षणों की
घबराहट धड़कन नहीं
हल्के नम पसीने से खुलती हुई अंजलि नहीं
चौमुख चलती दीवट नहीं
कभी भी पूरा खुला तिलिस्म नहीं
तुम एक पूरी दुनिया हो
धीरज से
हर चीज को समेट बढ़ता
रोशनी का दायरा

बड़े-बड़े संकटों को झेलकर उछालती
सिन्धु की बलवती तरंग हो
मैं तुम्हारे हाथों की समर्थ तनिमा में

सौंप देना चाहता हूँ
वे सभी नियामतें
जो सब तुम्हारी हैं
तुमसे हैं
जिनसे तुम वंचित हो,

जिनसे यह दुनिया
और ज़्यादा जीने लायक फिर बन जाए
जहाँ-जहाँ तुम हो
हरियाली वहाँ बच जाए
लोहे की धार
पंखुरी में बदल जाए!

खोए वर्तमान की तलाश

कितना बदल गया है समय
फिर भी लोग समय से बाहर जी रहे हैं
आदमी रोशनी से बाहर छूट गया है
और आज का वक्त
दिन बदले अतीत-सा रुका है
वह किसी बीते वक़्त की
सुहानी ग्रह-गन्ध नहीं
क्रूर वर्तमान है
जिसे हम याद रखना नहीं चाहते
लेकिन मजबूर हैं।

—अब मौसम नहीं बदलते
सिर्फ घूम फिरकर फिर वहीं
वापस आ जाते हैं
जैसे अब हर साल
कोई एक ख़ास नाम का साल होता है
उसे मनना है
मनता है।

व्यक्ति सुख की रंगीन ऊँचाइयों में डूबे
समर्थ, आश्वस्त लोग
दिलासा दिलाते हैं
कि मौसम बदलते हैं
उनके लिए अभी आम रास्ते खुले हैं
और हम मान लेते हैं।

यह जानते हुए भी—

कि हवाएँ चिड़चिड़ी हो गई हैं
धूप सुबह से शाम तक
मुँह फुलाए हुए फिरती है
हर सार्वजनिक जगह गुर्राती है
पत्ते झरने से इनकार करते हैं
बच्ची-पत्तियाँ पककर पीली निकलती हैं
आसमान—
ऊँचे आसन पर विराजे
किसी खास आदमी-सा
कभी पास लगता है
कभी दूर हो जाता है
और बेवक़्त का बादल
मेरे भीतर
अपने ही हाल पर आँसू बहाता है।
ऐसे रुके वक़्त में
हर बार शोर मचा
फिर भूल जाते लोगों में
लगता है कहीं कोई मर्म केन्द्र
अन्तःकरण, अहसास
पूरा मर गया है
इस उदास मौसम में
चारों तरफ लकवे मारे चेहरे भी
वस्तुएँ ही वस्तुएँ हैं
ख़तरनाक वस्तुएँ
शक्लें बदलती हुईं
विश्वसनीय शायद अब सिर्फ़ घास है
रुँधकर भी ज़िन्दा है
चिड़ियों वाला गाता हुआ पेड़ है
रहट जैसे बादल हैं
निष्कपट बच्चे हैं

या वह मामूली लोग
जो विवाई फटी खरहरी ज़मीन पर
किसी भी सड़क के किनारे
पेड़ तले
गठरी बने बैठे हैं
ठीक इसी तरह वर्षों से–
–वर्षों से
या सदियों से?
सदियां मैंने देखी नहीं
कैसे कहूँ सुनी बात
कुछ भी बताता नहीं इतिहास
उसमें वे नहीं हैं
–उनके लिए उठाए
तमाम शोर के बाद
उनके आसपास
न बदलने वाली चीज़ों की है पशु-गन्धी
–शोक रात
पीड़ा की कोई भाषा नहीं होती
एक असहनीय प्रश्न होता है
अँधेरी सुरंग-सा
जिसमें साँस नहीं आती है
जिसके किसी दूर अगले मुहाने पर
फिर फूलों के अँगोछे पुछा आसमान आता है
सर्द मौसम के पानी में
वक़्त पूरा नहाकर निरमैल हो जाता है।

शब्द का जन्म

जहाँ से यह नैन सुख आसमान नीला है
जहाँ से फिरकनी हवाएँ बेफिक्र चलती हैं
जहाँ से यह चुपचाप चन्द्रमा निकलता है
अनाहत जंगल की सुनसान स्याही में
सितारे बड़े-बड़े
हाथ-टँके लगते हैं
मिट्टी जहाँ से तमाम खिड़कियाँ खोलकर
बाहर झाँकती है
यों लुभावन फूल खिलते हैं
जहाँ से पौधे अपनी अलग
पहिचान-गन्ध लेते हैं
—मेरे शब्द वहीं से आते हैं
वहीं—
उन अनहोनी जगहों में
जहाँ से बच्चे को भोला अचम्भा
सपनों में बातें बनाती नींद मिलती है
जहाँ से आँखों को जादू
चेहरे को रूप का खिंचाव
वक्ष को भराव
आदमी को पौरुष की जुझारू आस्था
औरत की बाँहों को नरम ऊष्मा
कोख को भिगोता
ममता का द्राक्षा-जल
देह का अनोखा सम्मोहन मिलता है

—मेरे शब्द वहीं से
तैरते आते हैं
—जहाँ से ये बादल
काले कोरे घड़े भर लाते हैं
बिन जताए खाली कर जाते हैं
जहाँ से अपने-अपने हिस्से की छायाएँ बाँटकर
पुराने पत्ते
नयों के लिए आसन छोड़ जाते हैं
जहाँ से हर उदासीन मन में
समय की धार तेज़ करने की विजली
सहसा दौड़ जाती है
इतिहास और चीज़ों
रीति और प्रणाली को
बासी पड़ जाने पर
आँच पिन्हा जाती है
—उन सारी अज्ञात, अद्वितीय
अनाहूत जगहों पर
बदलाव के विचरते
क्रान्तदर्शी क्षणों पर
मैं पटसन के रेशों-सा
साधारण डोरी में मिल-बँट कर पहुँचा हूँ
जब भी, जहाँ भी, ये होते हैं, होंगे
मैं वहाँ-वहाँ आनत हूँ
रोशनी लाने वाले इस समवेत में
सहज ही समर्पित हूँ।

कोई भी राम बहादुर

तुम अनाम थे
अनाम ही रहोगे राम बहादुर
हर राम बहादुर के साथ
हमेशा यही होता है
अन्याय के ख़िलाफ़
इंसानी हक़ माँगने
हर हरावल दस्ते के साथ
सबसे आगे वही चलता है
सबसे पहले गिरता है
पहला और आखिरी वार
उस पर ही होता है।

    हाँ!
    तुम्हीं अनाम झेलते हो पहला वार
    दम तोड़ते आख़िरी वार झेलता है
    तुम्हारा अनाथ परिवार!

तुम्हारे लिए
कभी
कोई सभा नहीं होती
न होते शोक-प्रस्ताव
न लगते बड़े जयकार
न बनती संस्थाएँ
न स्मारक
न अमर ज्योति, यादगार
जलती हुई दिन रात!

हाँ,
बड़ी अच्छी आसान
होती है संवेदना
कुछ चन्दा
कुछ फौरी इमदाद
पर
पोंछ नहीं पाती है
बूढ़े पिता की बुझती आँखों में
और धुन्ध गहराती,
हथेली पर ठोड़ी धरे
उसी तरह गुमसुम ठनी बैठी हुई
पत्नी
जो अगले दिन का सोच नहीं पाती है
नासमझ बच्चों की टकटकी
सूने दरवाज़े से
जो लौट-लौट आती है।
भूले सब
कौन तुम्हें रखे याद;
तुम थे
एक रोज़ होती घटना
मामूली बात;
फिर भी मैं दूँगा
तुम्हें शब्द हर बार—
बड़ा होकर बेटा तुम्हारा
बने नहीं
फिर कभी ऐसे ही
कहीं किसी दैनिक में
नीचे छपा
छोटा-सा समाचार।

नया बनने का दर्द

पुराना मकान
फिर पुराना ही होता है
—उखड़ा हो पलस्तर
खार लगी चनखारियाँ
टूटी महरावें
घुन लगे दरवाज़े
सील भरे फर्श,
झरोखे, अलमारियाँ

—कितनी ही मरम्मत करो
चेपे लगाओ
रंग-रोगन करवाओ
चमक नहीं आती है
रूप न सँवरता है
नींव वही रहती
कुछ भी न बदलता है

—लेकिन जब आएँ
नई दुनिया की चुनौतियाँ
नई चीज़ों की आँधियाँ
घर हो—
या व्यवस्था हो
नक्शा यदि बदला नहीं
नया कुछ हुआ नहीं

बखिए उधेड़ता
वक़्त तेज़ी से आता है
जो कुछ है सड़ा-गला
सब कुछ ढह जाता है

—यों तो पुराना कभी व्यर्थ नहीं होता है
वह एक रंगीन डोर है
रोम रोम बँधी जिससे
एक-एक पीढ़ियाँ
माटी से बनी देह
रंग, रूप, बीज-कोष
अपनी पहचान-गन्ध
संस्कार सीढ़ियाँ!

जो कुछ पुराना है मोहक तो लगता है
टूटने का दर्द मगर सहना ही पड़ता है
बहुत कुछ टूटता है
तब नया बनता है।

भटका हुआ कारवाँ

उन पर क्या विश्वास जिन्हें है अपने पर विश्वास नहीं
वे क्या दिशा दिखाएँगे, दिखता जिनको आकाश नहीं
बहुत बड़े सतरंगे नक्शे पर
बहुत बड़ी शतरंज बिछी
धब्बों वाली चादर जिसकी
कटी, फटी, टेढ़ी, तिरछी
जुटे हुए हैं वही खिलाड़ी
चाल वही, संकल्प वही
सबके वही पियादे, फर्जी
कोई नया विकल्प नहीं

चढ़ा खेल का नशा इन्हें, दुनिया का होश-हवास नहीं
दर्द बँटाएँगे क्या, जिनको अपने से अवकाश नहीं

एक बाँझ वर्जित प्रदेश में
पहुँच गई जीवन धारा
भटक रहा लाचार कारवाँ
लुटा-पिटा दर-दर मारा
बिक्री को तैयार खड़ा
हर दरवाज़े झुकने वाला
अदल-बदल कर पहन रहा है
खोटे सिक्कों की माला

इन्हें सबसे ज्यादा दुख का है कोई अहसास नहीं
अपनी सुख-सुविधा के आगे, कोई और तलाश नहीं

ख़त्म हुई पहचान सभी की
अजब वक़्त यह आया है
सत्य झूठ का व्यर्थ झमेला
सबने खूब मिटाया है
जातिवाद का ज़हर किसी ने
घर-घर में फैलाया है
वर्तमान है वृद्ध
भविष्यत् आने से क़तराया है
उठती हैं तूफानी लहरें, तट का है आभास नहीं
पृथ्वी है, सागर, सूरज है लेकिन अभी प्रकाश नहीं।

शब्द जो रोशनी हैं

अब फिर वहीं से शुरू करता हूँ
जहाँ से चीज़ों की सही शक्ल
ओझल होना शुरू हो जाती है
अपने ही आसपास बुने हुए जाले में
नज़र डूब जाती है—

छोटी-बड़ी उलझनों के गुत्थीदार-अँधेरों में
भटकते हुए
मैंने समझा था
कि दुर्गम पर्वतों से जूझ रहा हूँ
हर बार टकराकर
कुछ क़दम आगे बढ़ता रहा हूँ
पर फिर मैंने जाना
कि अँधेरे के पर्वत और बड़े होकर
मुझसे बहुत आगे निकल गए हैं
इस शापित व्यवस्था पर
रोम रोम फैल गए हैं
और मेरे क़दम
जहाँ से चले थे वहीं रह गए हैं

यह विफलता कहीं
वक़्त की गहरी उदासीनता में
अकेला हो जाने का अहसास जारी है
उन धड़कनों से मिलकर

भँजेगा-मिटेगा
जहाँ हर मन है कुरुक्षेत्र
युद्ध अभी जारी है–

यह सही है
कि मेरे शब्द के आकाश में
अब भी अक्सर गरम बिजली कौंध जाती है
हर फरेब की जकड़न को
थोड़ी देर रोशनी में नंगा कर जाती है

मेरे पास सिर्फ़ शब्द हैं
जो समय के अस्त्र हैं
इन अस्त्रों की धार बचा चमकदार रखना है
क्योंकि चारों तरफ आज बड़े चालाक शब्द हैं
जो भीतर से ज़ंग लगे
बाहर से चुस्त हैं
उन शब्दों को बेनक़ाब करना है

उनका तेवर तेज़ तीखा है
भीतर समझौता है
सुरक्षित कायरता है
असलियत पर मुखौटा है
यह चतुर शब्द
वक़्त के मुताबिक करते
अर्थों की चोरियाँ
पर ऐसे में कौन रह सकता
आरक्षित है
जब आदमी पर गिरती हों
चौतरफ़ा बिजलियाँ

मैं वक़्त के हूँ सामने
शब्द दर्पण के सामने
पूरा अपने ही पास हूँ
यह अकेलापन
एक नए तरह की चुनौती है
जो आदमी को सही नाम देने की
पहिचान मुझे देती है।

—इसलिए अब फिर
वहीं से शुरू करता हूँ
जहाँ से चीज़ों की सही शक्ल
साफ़ दिखने लग जाती है
जब अपने से बड़े दुख की आवाज़
शब्द में उतर आती है।

अँधेरे का विदूषक

हर धड़कते एकान्त में
जाने कहाँ से चुपचाप आकर
पीछे एक पिशाच खड़ा हो जाता है
काँपकर कनखियों से देखते ही
कानों तक कढ़ी लम्बी खींसें
बन्द करता हुआ
बिना दिखे ग़ायब हो जाता है

वह बारबार अकेले में
क्यों आ जाता है!

देह से निकले हुए धुएँ-सा
हर रात का
बँटा हुआ अँधेरा
एक गाँठवाला सिरा
जाने कैसे बन जाता है
जिसे देखकर
देह से और अँधेरा बाहर आता है

हर दीवार की
पुताई के नीचे से
कभी छोटा
कभी बड़ा एक चेहरा उभर आता है
और कंकाल की गड्ढेदार आँखों में

बदल जाता है।

हर यात्रा से पहले
पूरी दुर्घटना दिख जाती है
हर ग्रास में
एक अशुभ बाल निकल आता है
हर चीज़ पर
विष का लाल लेबिल चिपकता है
हर बात के बीच
एक प्रेत बोल जाता है

यह क्या है
जो हर घटना के अँधेरे कोने में छिपा है
मेरे आसपास
गुप्त क़ातिल-सा चलता है
और खिल्ली उड़ाता है
एक डरावना विदूषक
हर जीवित क्षण में
एक मरे हुए क्षण को
और मार जाता है।

उनका संकट

बन्द करो
सारे खिड़की दरवाज़े
रोशनदान, कुंडी, ताले

हमें धूप से ख़तरा है
हमें पुरानी हवेली की महफ़ूज़ साँस प्यारी है

मूँदो
सड़कों पर चलती
बेफ़िक्र हवाओं को
हमारी पुश्तैनी गन्ध का गला घुटा जाता है

रोको
नदी में आते
नए अर्राते पानी को
हमारे मौरूसी पोखर की
मेड़ बही जाती है

धूल गैस से बुझाओ
लाखों आँखों में ज़ब्त
चिंगारी को, आग को
हमारे इष्ट-देवता का पुतला गला जाता है

मुँह सिल दो
इन निर्भय असहमत आवाज़ों का
हमारा छेदोंदार फ्रेम
खुद सीटियाँ बजाता है

अब आप ही बताइए—
धूप, हवा, नदी, आग
आदमी की आवाज़
इतिहास के कोठार में
कैसे धाँधी जाएगी
समय के गोदाम में
कब तक मुहरबन्द की जाएगी?

खुले बालों की रात

तुम मेरे शरीर पर काले जादू की तरह छा गई हो—
तुम्हारी देह मेरे भीतर ताल देती है
किसी जंगली गीत की बहती हुई
अजनबी लय की तरह लगातार
सो जाने पर भी
दुहराती जाती है
एक ही जगह
अपने को बार-बार।

तुम मेरी दुनिया पर एक अचरज की तरह छा गई हो—
मेरी ख़ामोश आँखें
फिर से अनोखे सपने देखने लगी हैं
अन्धी पड़ती हुई चीज़ें
नया अर्थ देने लगी हैं
उम्र पर पड़ती गर्द
साफ़ होने लगी है
अधूरी भीतरी इमारत
कुछ पूरी होने लगी है
फिजूल कामों की
ऊबती थकानों के बीच
तुम खुले बालों की रात बन सहसा आ गयी हो
तुम मेरे शरीर पर काले जादू की तरह छा गई हो।

तुम मेरे रंगहीन जन्म के अकेलेपन में
एक बाहरी फूल की तरह लग गयी हो
मेरे शब्दों की खुशबू
तुम्हारी बाँहों की लिपटती गन्ध है
उनके चटकीले रंगों पर
तुम्हारी होठों की छाप है
मेरी वाणी की उग्रता में
तुम्हारी नई इच्छाओं का ताप है

तुम मेरे नंगे वक़्त के पहले ख़ालीपन में
गहरे खुले स्वाद की तरह समा गयी हो

तुम मेरे शरीर पर काले जादू की तरह छा गई हो।

कविता ज़मीन की

नहीं आएगी कविता अब चलकर
रँगी-चुनी
आधी खुली आधी ढँकी
खुशबूदार-फूल-बाँधे जूड़ों में
कसे तंग रेशमीन कपड़ों में
जान बूझकर कन्धे से गिरते
शिफौनी पल्लों में
इतराती
सजे लॉनों के बीच बिछे
मख़मली स्वागत क़ालीनों में

नहीं आएगी कविता अब चलकर

वह दूर
हवा बुहारे पठारों पर
खड़ी है
कमर-कमर घास में
कछौटे में खुरसे दराँती
बड़े बड़े फूलों को बाँधती

सधे हाथों से सहज ऊपर उछालकर
सिर धरे गट्ठर
नंगे पाँव जा रही
तपी हुई सुनहरी शाम सी

गाँव-घर लौटती वामा पगडंडी पर

वहीं सारी कविता है
कविता हमेशा ज़मीन से ही आएगी।

इतिहास की कालहीन कसौटी

बन्द अगर होगा मन
आग बन जाएगा
रोका हुआ हर शब्द
चिराग़ बन जाएगा।

सत्ता के मन में जब जब पाप भर जाएगा
झूठ और सच का सब अन्तर मिट जाएगा
न्याय असहाय, जोर जब्र खिलखिलाएगा
जब प्रचार ही लोक मंगल कहलाएगा

तब हर अपमान
क्रान्ति राग बन जाएगा
बन्द अगर होगा मन
आग बन जाएगा

घर की ही दीवार जब जलाने लगे घर-द्वार
रोशनी पलट जाए बन जाए अन्धकार
पर्दे में भरोसे के जब पलने लगे अनाचार
व्यक्ति मान बैठे जब अपने को अवतार
फिर होगा मन्थन
सिन्धु झाग बन जाएगा
बन्द अगर होगा मन
आग बन जाएगा

घटना हो चाहे नई बात यह पुरानी है
भय पर उठाया भवन रेत की कहानी है
सहमति नहीं है मौन, विरोध की निशानी है
सन्नाटा बहुत बड़े अंधड़ की वाणी है

टूटा विश्वास अगर
गाज बन जाएगा
बन्द अगर होगा मन
आग बन जाएगा।

मामूली शब्दों की मुस्कराहट

तुम्हारे आते ही
मेरे कमरे का रंग गोरा हो जाता है
हर आईने का चेहरा
प्यारा हो जाता है
हर चीज़ पर पड़ता अक्स
तेज़ हो जाता है
हर मामूली शब्द
मुस्कराहट बन जाता है।

तुम्हारी समझदार आँखें
छिपा लेती हैं
सीधी दृष्टि के पीछे
दूर छिपी मेरी इच्छा को
मौसम का हाल
सेहत की पूछताछ
कामकाज के मामूली प्रश्नों में

यह पूरा शरीर झनझनाकर मिल जाता है
एक बेसब्र ख़ामोश माँग बन जाता है

तुम्हारे बदन की रोशनी
मेरे रोओं से होकर
पूरी भीतर आ जाती है
एक पिरोयी हुई आँच

बीच में ठहर जाती है
और बाहर की कुत्सा भरी रात
हमारी पीठ पर रुक जाती है।

अब मैंने जाना
उम्र के हर चरण पर
कितने फ़रक़ नमूनों में
यह मन सतरंग हो जाता है
कैसे हर निकष झूठा पड़ता है
सिर्फ़ प्यार रह जाता है
कैसे छोटा-सा मोह
बड़ा सत्य बन जाता है।

सत्य का अपराध एक स्वप्न

मैंने देखा—
एक बहुत बड़ी विक्षिप्त भीड़ के सामने
मैं एक विशाल मंच पर
अकेला, निर्भाव खड़ा हूँ
और भीड़ की मूढ़
कालौंच-भरी नज़रें
एक बोर्ड पर बने
श्वेत-वृत्त पर गड़ रही हैं
और वह वृत्त
उनकी नज़रों से स्याह हुआ जाता है

    वह सच था
    जो मैंने बोला था
    वह उनसे अलग
    जो मैंने सोचा था
    —वह वृत्त मेरा है

मैंने देखा—
मैं एक बहुत ऊँचे सूखे पहाड़ पर
चढ़ने को
विवश किया गया हूँ
और चोटी की अन्तिम
चट्टान की नोंक पर पहुँच गया हूँ

आगे जिसके
पहाड़ दो-टूक फट गया है
और हज़ारों फुट गहरा एक दर्रा
मुझे लीलने को मुँहबाए है
पीछे पैरों से अनगढ़ बना रास्ता
सहसा लोप हो गया है
मेरे हर यत्न की
परिणतियों वाला
—वह रास्ता मेरा है।

मैंने देखा—
मैं एक मासूम निरपराध बच्चे-सा
किसी भारी और काले
क़िले की दीवार पर बिठा दिया गया हूँ
और जो साथ मुझे
यहाँ तक भुलावा देकर आया था
वह जल्लाद है
और मुझे अनकहा आभास है
कि सहसा एक धक्का दिया जाएगा
उन अपराधों के लिए
जो मैंने नहीं किए
मैं सदियों से
इस दीवार पर बैठा हूँ
—यह इतिहास मेरा है
मैंने देखा—
मैं एक भूकम्प दबे नगर के नीचे फिरता हूँ
घबराया हुआ
जहाँ हर तरफ टूटे
मुँदे दरवाज़े हैं
मलबे-भरी गैलरियाँ
भयराए बरामदे

डगमगाते कटे-फटे खम्भे हैं
हर क़दम पर
टुण्डी बुच्ची सीढ़ियों के ढेर हैं
जिन पर टटोलकर
मैं आस-भरा चढ़ता हूँ
और हर बार
ठोस जमी छत से टकराता हूँ
बाहर निकलने का उपाय
अब न कोई है
मुझे बेहद प्यास लगी है
पर आसपास हत्यारे कुएँ हैं
जिनमें मैं सिर्फ़ गिर सकता हूँ
घुप अँधेरे वाली
एक अन्धी बन्द दुनिया है

जो मैंने न रची थी
न माँगी थी
—वह दुनिया मेरी है।

अन्तिम आत्महत्या (हिरोशिमा स्मृति)

चिथड़े हुए चेहरे से
सहसा
फटकर बाहर जा पड़ी आँख
बुझती हुई पुतली में
जलकर ऐंठते
मसाले के साँप सा
नगर भी बुझ गया
एक बहुत बड़ा चमकदार अन्धकार
हर रोएँ को
खिड़कियों-सा चौड़ा कर निकल गया
अब प्रकाश का शब्द
अश्लील शब्द हो गया है
        मांस के लुग़दे
        चट्टानों की लेई
        लोहे के परनाले
        मीलों की गोल भाप में
        चिंगारियों-से उड़ते आदमी
        —किसी ने भी
        मेरी अन्तिम आत्महत्या नहीं देखी
काश, मेरा प्रेत ही रह जाता
याद करने को
सेकंड के उस लाखों हिस्से में
दबती
पत्थरों की नामालूम सिसक को

अपने किए हुए अपराध के
पहले क्षण में
पछताती
बरजती
मेरी ही बौनी आवाज़ को।

प्रौढ़ रोमांस

मेरे विरही युवा मित्रवर
तुम जिस दुख से परेशान हो
वह सचमुच है दुख नहीं कोई जीवन में
असली दुख हैं और बहुत से
तुम जिसको हो समझ रहे भारी पहाड़-सा
वह तो काग़ज़-सा हलका है
आज दे रहे हो जिसको इतना महत्त्व तुम
वह कल ही फीका मज़ाक़ बन रह जाएगा
ज्यों दुहराई बात रोज़ की
यह रह-रहकर निकल रही जो ठण्डी साँसें
यह हवाइयाँ मुँह के ऊपर
उड़ी-उड़ी बातें हताश-सी
खोयी-खोयी चाल, और
बेहोश आदमी जैसे कामकाज दिन भर के

यह सब क्या है
यह कैसा है अजब तमाशा
मैं इन सारी बातों को हूँ खूब समझता
बड़े-बड़े इस प्रणय-काल के आदर्शों को
पर मुझको है पता
कि बिछुड़न की इन तीखी पीड़ाओं में
ऊँचे ऊँचे आदर्शों की इन बातों में
छिपा हुआ है भेद कौन-सा
तुम इस जीवन का निचोड़ जिसको कहते हो

वह सारा वेदान्त फ़लसफ़ा
काव्य-कला की मधुर कल्पना
केवल शारीरिक है–
आज नहीं मानोगे तुम मेरी बातों को
नीरस सीख कहोगे जिनको
पर अपनी खिल्ली कल तुम्हीं उड़ाओगे
जब दैनिक जीवन की भट्ठी में
गल जाएँगे खोटे सिक्के सारे मन के
तब जानोगे इन आदर्शों की सच्चाई

हमने भी सोचा था पहले
इस जीवन में
सबसे अधिक मूल्य होता कोमल भावों का
पर ठोकर पर ठोकर खाकर मैंने जाना
तोल तराजू के पलड़ों में
मन के संघर्षों से बाहर के संघर्ष
अधिक बोझल हैं
और हृदय की कलियाँ खिलती देखीं
रुपयों की पूनो में
और प्यार के चाँद बुझ गए
जीवन की सड़कों पर आकर
हमको भी है ज्ञान विरह का
और मिलन का
यह मत समझो बरफ़ बन गया हृदय हमारा
या कालान्तर में पथराए भाव हमारे
या हमको है नहीं किसी की याद सताती
पर वह तुमसे बहुत भिन्न है
हम मन में सुधि रखकर भी
हैं कर्मशील
हैं संघर्षों में डूबे भूले
हम डटकर जीवन में युद्ध कर रहे प्रतिपल

आज हमारे सम्मुख और समस्याएँ हैं
प्रश्न दूसरे
घर के, बाहर के, समाज के
मुल्क और दीगर मुल्कों के

अब हमको सुधि की पीड़ा है नहीं सताती
केवल ध्यान यही आता है
आज न बच्चे घर में हैं कूड़ा करने को
खूब सफ़ाई है आँगन, छत पर कमरों में
पर कुछ खाली-खाली-सी है
आज नहीं अच्छी लगती यह
आज न फैले जगह-जगह टीन के डिब्बे
सिगरेटों के ख़ाली पैकेट
चिन्दी किए हुए काग़ज़
पन्नी दाँतों से चबी-चबाई

लकड़ी खोखे काठ कठम्बर
दिन भर के दंगों की पीछे छुटी गवाही
नहीं आज है
पहले इस कूड़े करकट से
मन में झुँझलाहट होती थी
आज वही बच्चों का कूड़ा याद आ रहा

और याद यह आता सन्ध्या की वेला में
यह एकान्त मकान
और उजली बाँहों-सी यह दीवारें
नहीं समेट पा रहीं मुझको
और न दिन भर की थकान को मिटा रही है
निस्संकोच लेटाकर अपनी
छत-सी खुली हुई छाती पर
यह सब—

और बहुत-सी बातें मन में आतीं
पर इनसे मन बोझल आज नहीं होता है
और न मुँह पर छाँह उदासी की आती है
और न लगते दिन निराश
रातें मटमैली
क्योंकि बड़ी भोली मिठास की सुधियाँ हैं ये
जीवन के मासूम सुखों की
तन के मन के स्वस्थ चैन की
जिनकी उजली उजली छापें
खिंची हुई हैं स्वस्तिक-सी कोने कोने में

और क्योंकि हमने भुजबल से
अपना मार्ग प्रशस्त बनाया
दुःखों से कर युद्ध
परिस्थितियों से लड़कर
और जूझकर भारी से भारी अन्धड़ से
अपना ऊँचा सिर न झुकाकर
केवल मिथ्या आदर्शों से नहीं
नहीं कोरी रंगीन कल्पनाओं से
किन्तु ज़िन्दगी की मिठास का रस लेने को
हमने कटुता से खुलकर संघर्ष किया है।

अधूरा गीत

मैं शुरू हुआ मिटने की सीमा रेखा पर,
रोने में था आरम्भ, किन्तु गीतों में मेरा अन्त हुआ—
मैं एक पूर्णता के पथ का कच्चा निशान,
अपनी अपूर्णता में पूरन,
मैं एक अधूरी कथा
कला का मरण-गीत, रोने आया
मेरी मजबूरी तो देखो
काली-पीली आँधी चलती है गोल-गोल,
धूसर-बादल नीचे उतरे,
जिनमें मुरझाए पत्तों की है धूल भरी;
मिट गए अचानक अनजाने सपने अमोल,
बुझ गए दीप पड़कर पीले
जिनकी लौ गरम रखी अब तक;
है अन्त हुआ जाता मेरा
इन अन्तहीन इतिहासों में।
जाने कैसी दूरी पर से
मुझ पर लम्बी छाया पड़ती,
किसकी आधी आवाज़ भरी
मेरे बोझीले गिरते हुए उतारों में
मैं अधिकारी ना होने वाली बातों का
मैं अनजाना
मैं हूँ अपूर्ण।

दूरी से, कितने देशों की इस दूरी से,
वह महाकाल के मन्दिर की चोटी दिखती,

जिस पर छाया था एक साँझ
दूरी की श्यामलता लपेटकर मेघदूत—
वे सोने के सिंहासन की गाती परियाँ,
नव रत्नों का सपना सुन्दर,
जो मिटकर एक बार फिर से
था मिटा, सीकरी के उन झीलों से
अनुरंजित महलों में।
ये सब मोती थे टूट गए,
अब एक और तारा टूटा,
लम्बी लकीर बन अलका से
फिर समा गया
गंगा की गोरज लहरों में।

जीवन का वह रंगीन चाँद
जिसके उजयाले बिना हुआ है धन निर्धन,
जो सुधा भरा ही डूब गया,
काली रेखाओं के आगे,
विष की मीठी निद्रा के अन्तिम सागर में।
कमज़ोर सूत के ये डोरे,
अनजानी दूरी तक ओझल होकर जाते,
नीली-सी लम्बी उँगली की
रेखा छाया-सी उलझी-उलझी सी दिख जाती,
ढीले लगते
पर बन्द नहीं होते खिंचने
सुन्दर चीज़ें ही मिटती हैं सबसे पहिले,
ये फूल, चाँदनी, रूप, प्यार,
आँसू के अनगिन ताजमहल,
रागों की ठहरी गूँज,
असम्भव सपनों की सुन्दर मिठास
स्रष्टा तक मिटता कलाकार के मिटने से
पर गीतों के इन पिरामिडों,
इन धौलागिरि सुमेरुओं पर
मिट जाती स्वयं मृत्यु आकर।

दिख रही मुझे विद्या की अमिट लकीर दूर,
वे घने-घने चट्टान-भरे लम्बे जंगल,
नर्मदा, बेतवा, क्षिप्रा की अविलम्ब धार,
जिन पर हेमन्त कुहासे-सी छाई रहती
युग से युग तक,
अनजाने इतिहासों की वह अविराम याद;
वन की श्यामलता की मिठास,
अनजानेपन के रंगों से ही रंजित है,
ऐसी छाँहों में पले हुए,
ये चट्टानों के फूल
नहीं गल पाएँगे, धुल पाएँगे
निर्बल वर्षों के बोझीले, गीले हिम से।

अब ये वसन्त,
कितने सहस्र वर्षों की ममी बना आया,
बेहिस, अवाक,
ये शिशिर सरीखी बादल भरी हवा चलती
रोमों की यादें टूट रहीं,
ये मुझे उड़ाती ले जाती वर्षों पीछे,
जाड़ों की सन्ध्या का वह अन्तिम प्रहर,
रात, सन्दली चाँदनी से धीरे रचती जाती,
जब कालिदास की नगरी में
उन गीतों की छाया में मैं भी बैठा था,
पहिली भी अन्तिम बार वही
जग ने जिसको मिटने पर ही है पहिचाना
वह चित्र न मुझ पर से उतरा,
उसको ही पूरा करने में,
मुझको भी पूर्ण न होने का वरदान मिला
मैं चलता जाऊँगा इतिहासों के ऊपर
यद्यपि पाषाण हुआ जाता।

मेरे सपने बहुत नहीं हैं

मेरे सपने बहुत नहीं हैं–
छोटी-सी अपनी दुनिया हो,
दो उजले-उजले से कमरे
जगने को-सोने को,
मोती-सी हों चुनी किताबें
शीतलजल से भरे सुनहले प्यालों जैसी
ठण्डी खिड़की से बाहर धीरे हँसती हो
तितली-सी रंगीन बगीची;
छोटा लॉन स्वीट-पी जैसा,
मौलसिरी की बिखरी छितरी छाँहों डूबा–
हम हों, वे हों
काव्य और संगीत सिन्धु में डूबे-डूबे
प्यार भरे पंछी से बैठे
नयनों से रस नयन मिलाये,
हिल-मिलकर करते हों
मीठी-मीठी बातें
उनकी लटें हमारे कन्धों पर मुख पर
उड़ उड़ जाती हों,
सुर्शम बोझ से दबे हुए झोंकों से हिलकर
अब न बहुत हैं सपने मेरे
मैंने इस मंज़िल पर आकर
सब कुछ जीवन में भर पाया।

चूड़ी का टुकड़ा

आज अचानक सूनी-सी सन्ध्या में
जब मैं यों ही मैले कपड़े देख रहा था
किसी काम में जी बहलाने,
एक सिल्क के कुर्ते की सिलवट में लिपटा,
गिरा रेशमी चूड़ी का
छोटा-सा टुकड़ा,
उन गोरी कलाइयों में जो तुम पहने थीं,
रंग भरी उस मिलन रात में

मैं वैसा का वैसा ही
रह गया सोचता
पिछली बातें
दूज-कोर से उस टुकड़े पर
तिरने लगीं तुम्हारी सब लज्जित तस्वीरें,
सेज सुनहली,
कसे हुए बन्धन में चूड़ी का झर जाना,
निकल गईं सपने जैसी वह मीठी रातें,
याद दिलाने रहा
यही छोटा-सा टुकड़ा

रेडियम की छाया

सूनी आधी रात।
चाँद-कटोरे की सिकुड़ी कोरों से,
मन्द चाँदनी पीत लम्बा कोहरा,
सिमट लिपट कर

दूर-दूर के छाँह भरे सुनसान पथों में
चलने की आहट ओले-सी जमी पड़ी थी,
भूरे पेड़ों का कम्पन भी ठिठुर गया था
कभी कभी बस,
पतझर का सूखा पत्ता गिर उड़ जाता
मरे स्वरों से खरखर करता

प्रथम मिलन के उस ठण्डे कमरे में
छत के वातायन से,
नींद भरी मन्दी सी एक किरन भी,
थक कर लौट-लौट जाती थी
आलस भरे अँधेरे में,
दो काली आँखों-सी चमकीली,
एक रेडियम घड़ी सुप्त कोने में चलती
सूनेपन के हल्के स्वर-सी
उन्हीं रेडियम के अंकों की लघु छाया पर

दो छाँहों का वह चुपचाप मिलन था,
उसी रेडियम की हल्की छाया में,
चुपके का वह रुका हुआ चुम्बन अंकित था—
कमरे की सारी छाँहों के हल्के स्वर-सा,
पड़ती थी जो एक-दूसरे में मिल गुँथकर
सूनी-सी उस आधी रात—

होता बलिदानों का अन्तिम अध्याय शुरू

होता बलिदानों का अन्तिम अध्याय शुरू
ओ वरदानों की मूरत अब पत्थर बन जा
ये मास, पक्ष, दिन सूनी-सूनी-सी घड़ियाँ
गिरते-गिरते कुछ सँभली-सी दीपक की लौ,
पीले पत्तों में अटका-सा कच्चा प्रसून,
सब अन्तिम चरण गीत की अवरोही का है
खँडहर पर का निर्माण सदा खँडहर होता—
इसलिए पूर्णता का इतिहास अधूरा है
मैं विवश हो रहा हूँ अब तो
दूरी की छाँहें गहरी ही होती जातीं,
वह अन्तिम मंज़िल पास सरकती आती है,
गिरते हैं आधे-बने पिरामिड से निशान,
यह हीरक ताज अधूरा आँसू-सा गिरता

बीते वर्षों के कुहरे में से निकल रहे,
ये सुधियों के साँवले प्रेत,
जिनकी अंश या छायाओं से,
भारी जीवन की रात हुई
नभ की सीमाएँ निगल रहा
भूरे तम का भारी अजगर,
चितकवरे बादल मन्द हवा की रेखाओं पर चलते हैं,
झाँवरे रंग के रूपे से,
बुझते नक्षत्रों के निशान,
केवल फासफोरस जल उठता है सूने में।

इस दीपशिखा का पास विराम बिन्दु आया
उजयाले का घेरा है सिमट रहा धीरे,
काजल के गहरे कन अंकित करते जाते
वह अन्तिम ज्योति पृष्ठ बुझते इतिहासों का
जो थककर भी चल आए थे,
जीवन की म्लान मंज़िलों को।

पहिये

ये घूम रहे हैं जीवन के पहिये महान
नभ में ये सूरज, चाँद, सितारों के पहिये
घूमा करते विश्रान्तिहीन
नीचे धरती का चक्र चला करता अविरल
जिसके रंगीन दायरे में आती ऋतुएँ
फल, फूल, फसल की बाँध करधनी चमकीली
दिन-रात गोल बाँधे आते
दैनिक जीवन का क्रम बनता समाप्त होता
फिर नए बिन्दु से चल पड़ता
पहियों के अविरल मण्डल में

युग युग से जीवन चक्र चल रहा इसी तरह
इस आवर्तन में दुनिया की
सदियों लम्बी गतिवान मंज़िलें पार हुईं
ये पहिये हैं आधार सभ्यता संस्कृति के
प्रस्तर युग से जो ले आए हैं ऐटम तक
इस दुनिया का कारवाँ अमर
ये रुके नहीं पथ के ऊपर
मिट्टी को विकसित कर लाए
आने वाले सामाजिक समता फूलों में

ये शक्तिमान मेहनत की बाँहों के प्रतीक
उन रूखे भारी हाथों के गतिमान चित्र
गढ़ते जाते हैं जो सामाजिक मूरत को

जीवन की मिट्टी को सँवार
सच्चे कर देते हैं सपने
लेते हैं स्वर्ग उतार विचारों के नभ से

इन पहियों की छायाओं में
दिखती हैं कितनी युग की तस्वीरें विराट
वे आरम्भिक कृषि-युग की गाड़ी के चक्के
स्वर्णिम गेहूँ जौ के बोझों से दबे हुए
वे यात्रा के अलसित साधन
धीरज साहस के सबसे बूढ़े विजय चिह्न
वह पथ में पंक्ति बाँध बढ़ते रथ चक्रवान
सामन्ती युग के प्रारम्भिक गौरव निशान
वे अर्धचन्द्र धनु, प्रत्यंचा, तूणीर, तीर
घन वज्र कुठार, खंग, मारक आयुध-अधीर

बढ़ती जाती है दृष्टि और सदियों आगे
वह अर्ध ज्ञान मय अँधियारे जग का आँगन
अधिकारहीन धरती का पुत्र निरीह नयन
कर बाँधे अपलक दृष्टि खड़ा जो पैरों में
उन दैवी सम्राटों के सिंहासन नीचे
फिर दिखते हैं वे दुर्ग, बुर्ज, गोलार्ध भीम
अत्याचारों के लौह कवच
सीज़र की असि-गूँजों से ले क्रूसेडों तक
नीरो, चंगेज़ों, तैमूरों के अट्टहास
उठकर सहसा हैं आ जाते
फिर बुझ जाते हैं कालचक्र की घूमों में

दिखती हैं सदियों के पथ में
काई से काली चट्टानों-सी दीवारें
वह कत्लगाह, तहख़ाने जिनमें कैद रही
सदियों तक गूँगी मानवता

मिट्टी के टीले-सी मृत बारूदी ढेरी
जो पहली ही चिंगारी में
ले उड़ी खण्ड खण्ड करके
कितने भीषण बेस्टीलों को
वह मध्य वर्ग की महा क्रान्ति का महाधुन्ध
वह वक्र दराँतों की पाँतें
वह गिलोटीन के दुर्गम रक्त रंगे पहिये
दिन-रात चले जो क्रुद्ध मनुजता के कर से
खूनी बदला लेने पिछले सब ख़ूनों का
कर ध्वस्त नष्ट सामन्तवाद का रक्त महल

अब बढ़ता है सामाजिक चक्र और आगे
युग में है दिखने लगा गैस का उजयाला
चल पड़े भाप से नई मशीनों के पहिये
बन यन्त्र क्रान्ति के अग्रदूत
मानव की प्रकृति विजय का पहला सूत्रपात
लोहे की विजय वनस्पति पर
ईश्वर पर पहली विजय चिरन्तन मिट्टी की

फिर 'खुल सुम सुम' जैसे मिल गए विकास सूत्र
खुल सके सृष्टि के वे रहस्यमय बन्द द्वार
इन डोरों में बँध गई धरा
फिर नई शक्ति का यन्त्र उठा
उद्योग और व्यापारों का फैला प्रसार
पूँजी की कंचन-बेल बढ़ी
देशों की सीमाएँ सिमटीं
आरम्भ हो गई दौड़ नए बाज़ारों की
अन्धी लिप्सा वह उपनिवेश हथियाने की
चढ़ चले जीतने सिन्धु भयंकर स्टीमर
बारूद और गोलों के ले काले पहाड़
जल थल के कोने-कोने में

फैलाने संगीनों से अपना सामराज
गति चक्र बढ़ चला और दूर
कस गई गुलामी से सादी प्राचीन धरा
मानवता की गर्दन में पड़ी नई गाँठें
आविष्कारों के सुख साधन
सब अस्त्र बन गए शोषण के
साम्राज्यवाद के हाथों में।

पर परिवर्तन का तेज़ चक्र बढ़ता आगे
है धार काटती नागपाश
बस इसीलिए होगा विनाश
मानव का मानव पर
दुख, दोहन, अनाचार
इसलिए कि रुकता नहीं कभी गति का पहिया
अविरल चलता विकास का क्रम
वह पास लिए आता है मनुज समाज नया
जब दुख की सत्ता मर जाएगी
पीले बासी फूलों-सी।

आदमी का अनुपात

दो व्यक्ति कमरे में
कमरे से छोटे—

कमरा है घर में
घर है मुहल्ले में
मुहल्ला नगर में
नगर है प्रदेश में
प्रदेश कई देश में
देश कई पृथ्वी पर
अनगिन नक्षत्रों में
पृथ्वी एक छोटी
करोड़ों में एक ही
सबको समेटे हैं
परिधि नभ गंगा की
लाखों ब्रह्माण्डों में
अपना एक ब्रह्माण्ड
हर ब्रह्माण्ड में
कितनी ही पृथ्वियाँ
कितनी ही भूमियाँ
कितनी ही सृष्टियाँ

यह है अनुपात
आदमी का विराट से
इस पर भी आदमी
ईर्ष्या, अहं, स्वार्थ, घृणा, अविश्वास लीन
संख्यातीत शंख-सी दीवारें उठाता है
अपने को दूजे का स्वामी बताता है
देशों की कौन कहे
एक कमरे में
दो दुनियाँ रचाता है।

गिरिजा कुमार माथुर : जीवन परिचय

जन्म : 22 अगस्त 1918 में, अशोक नगर, ज़िला गुना, मध्य प्रदेश।

निधन : 10 जनवरी, 1994

शिक्षा : एम.ए. (अंग्रेजी साहित्य), एल. एल. बी. लखनऊ विश्वविद्यालय। 1940 के आसपास उभरकर आई प्रगतिवादी चेतना से युक्त एवं प्रयोगशील रुझानों से युक्त कविता के प्रवर्तकों में एक कवि। हिन्दी कविता में नए शैली-शिल्प, बिम्ब रूप विधान के क्षेत्र में अपूर्व योगदान। यथार्थ एन्द्रियता, वैज्ञानिकता का सहज सामंजस्य। कविता में नए सौन्दर्य बोध के प्रणेता।

प्रकाशन : मंजीर 1941 (कविता), तार-सप्तक 1943 (नई चेतना के संवाहक सात प्रगतिशील-प्रयोगशील कवियों—अज्ञेय, रामविलास शर्मा, गजानन माधव मुक्तिबोध, भारतभूषण अग्रवाल और नेमिचन्द्र जैन का ऐतिहासिक संकलन), नाश और निर्माण 1946, धूप के धान 1955, जनम कैद 1957 (नाटक), शिला पंख चमकीले 1961, नई कविता : सीमाएँ और सम्भावनाएँ 1966 (आलोचना), जो बँध नहीं सका 1966, भीतरी नदी की यात्रा 1975, छाया मत छूना मन 1978, साक्षी रहे वर्तमान 1979, कल्पान्तर 1983 (विज्ञान काव्य), 'द वेल्ड मून' डॉ. अमरनाथ झा द्वारा बिहारी के दोहों के अंग्रेजी अनुवाद का सम्पादन, मैं वक़्त के हूँ सामने 1990, पृथ्वी कल्प 1994, आज के लोकप्रिय कवि (सम्पादक डॉ. नगेन्द्र और डॉ. कैलाश वाजपेयी), मुझे और अभी कहना है 1991, आधुनिक हिन्दी कविता पर अंग्रेजी में विस्तृत और मानक लेखन।

कार्यक्षेत्र : 1943 में आकाशवाणी में पदार्पण, 1950 में संयुक्त राष्ट्र संघ न्यूयॉर्क में हिन्दी पदाधिकारी। अमेरिका, इंग्लैंड, यूरोप तथा रूस आदि देशों की अनेक यात्राएँ। आकाशवाणी के अनेक वरिष्ठ पदों पर कार्य करने के बाद उपमहानिदेशक के पद से सेवानिवृत्त। ऐमेरेटस प्रोड्यूसर। भारतीय सांस्कृतिक

सम्बन्ध परिषद की अन्तर्राष्ट्रीय त्रैमासिक पत्रिका 'गगनांचल' का सम्पादन।

पुरस्कार एवं सम्मान : 1974 में मध्य प्रदेश कला परिषद एवं मध्य प्रदेश साहित्य परिषद द्वारा संयुक्त सम्मान, 1974 में साहित्य कला परिषद, दिल्ली द्वारा सम्मान, 1981-82 में उ.प्र. हिन्दी संस्थान द्वारा समग्र अवदान पर विशिष्ट सम्मान, 1986 में भारतीय भाषा परिषद, कोलकाता द्वारा 'कल्पान्तर' पर पुरस्कार, 1989-90 में म.प्र. हिन्दी साहित्य सम्मेलन द्वारा 'भवभूति' पुरस्कार, 1989 में हिन्दी अकादमी, दिल्ली द्वारा शलाका सम्मान, 1990-91 में म.प्र. शासन के संस्कृति विभाग द्वारा, सम्मान-1991 में 'मैं वक़्त के हूँ सामने' पर साहित्य अकादमी पुरस्कार, 1993 में के.के. बिड़ला फाउंडेशन का 'व्यास सम्मान'।